Maria W. M. Schmitt

Spiegelbilder deiner Seele

Maria W. M. Schmitt

Spiegelbilder deiner Seele

Symbole und Farben medial deuten

SILBERSCHNUR

ISBN: 978-3-89845-297-7

1. Auflage 2010

Gestaltung & Satz: XPresentation, Güllesheim
Druck: Finidr, s.r.o. Cesky Tesin

Verlag »Die Silberschnur« GmbH
Steinstraße 1 · D-56593 Güllesheim
www.silberschnur.de · E-Mail: info@silberschnur.de

INHALT

Wichtiger Hinweis

Der Inhalt dieses Buches wurde mit größter Sorgfalt und nach bestem Wissen und Gewissen erstellt, gleichwohl können weder die Autorin noch der Verlag die Vollständigkeit und Richtigkeit der in diesem Buch enthaltenen Angaben garantieren.

Die energetischen Bilder, gleich welcher Art, laden Sie zur meditativen Betrachtung ein und sollen Ihnen als Unterstützung dienen auf Ihrem Weg der Entspannung und der Stille. Sie ersetzen keine von Ihrem Arzt oder Heilpraktiker verordnete Therapie/Behandlung!

Weder Autorin noch Verlag übernehmen die Haftung für Schäden jeglicher Art, die durch die Nutzung der Buchinhalte und die Missachtung dieses Hinweises entstehen sollten.

VORWORT

»Gibt es nicht schon genug Bücher über Medialität«?

Diese Frage habe ich oft gestellt, wenn meine Seminarteilnehmer mir ans Herz legten, ein Buch über Medialität und mediales Malen zu schreiben.

»Ja, gibt es, aber nicht aus deinem Blickwinkel heraus«, kam dann meist die prompte Antwort.

Es stimmt, wir alle schauen uns die Welt mit unseren Augen an, unter dem Aspekt unserer Erfahrungen und den daraus resultierenden Emotionen. Und genauso geben wir auch das, was wir einst gelernt haben, an unsere Kinder, unsere Freunde oder auch an unsere Schüler weiter.

Das Thema »Medialität« und »Psychic Art« ist so umfangreich, dass ich in dem Ihnen vorliegenden Buch nur das Wesentliche kurz zusammengefasst habe, um dem Newcomer einen leichten Einstieg zu ermöglichen und all jenen, die auf diesem Gebiet bereits bewandert sind, neue Aspekte anzubieten.

Die Inhalte dieses Buches wurden mit größtmöglicher Sorgfalt erstellt. Ich biete Ihnen einen Blick in meine Erfahrungswelt, erhebe jedoch keinen Anspruch auf Richtigkeit, Vollständigkeit und Aktualität der hier bereitgestellten Inhalte.

Mögen Ihnen die hier angebotenen Informationen dabei behilflich sein, Ihr ureigenstes mediales Potenzial auf sanfte Weise zu entfalten.

September 2009 Maria W. M. Schmitt

EINLEITUNG

Seelenbilder, Energiebilder, energetische Kraftbilder – mediales Malen ist heute in aller Munde. Doch was verbirgt sich dahinter? Woher kommt dieser Trend?

Malerei und Zeichnungen sind seit Menschengedenken künstlerische Ausdrucksform des Lebens und der Persönlichkeiten der jeweiligen Epoche. Man kann die Malerei auch als Symbolsprache begreifen. So lassen z. B. prähistorische Höhlenmalereien Rückschlüsse auf den Glauben, das Jagdverhalten, die Moral und die Mythologie des steinzeitlichen Menschen zu. Dem damaligen Glauben entsprechend wurden einige bildliche Darstellungen in schwer zugänglichen, tiefen Höhlen an die Felswände gebracht, was dazu gedient haben könnte, Wissen in der symbolischen Kraft der Zeichnungen festzuhalten und vor anderen Völkerstämmen zu schützen. Die ersten Höhlenmalereien konnten mithilfe der Radiokarbonmethode auf 31.500 Jahre v. Chr. datiert werden.

Im alten Ägypten schmückten zahlreiche Wandmalereien die Grabkapellen der Pharaonenfamilien und hoher Beamter. Die Wandbilder in den Gräbern sollten die Seelen der Toten an ihr Leben auf der Erde erinnern und sie mit dem umgeben, was sie zu Lebzeiten besessen hatten. In diesen Malereien wurden die nach ägyptischem Glauben notwendigen Beigaben zum Überleben in der anderen Welt

dargestellt. Wir finden dort viele Abbildungen von Nahrungszubereitungen oder auch von Werkstätten, in denen sich die Verstorbenen notwendige Gerätschaften herstellen konnten. Diese Bilder sollten zum einen das Überleben im Jenseits sichern, jedoch als Statussymbol auch den Wohlstand des Verstorbenen in der Totenwelt demonstrieren. Oftmals hatten diese Wandmalereien auch eine religiöse und zeremonielle Bedeutung und zeigten Darstellungen der Götterwelt und des Totengerichtes.
Die ägyptischen Hieroglyphen hatten ursprünglich den Charakter einer reinen Bilderschrift. Die einfachste Art einer Bilderschrift nutzt Piktogramme, einzelne Symbole, in denen die Bedeutung des Bildes direkt aus dem Bild ableitbar ist.

Für die orthodoxe Kirche sind Ikonen ein Fenster zur himmlischen Wirklichkeit. Mit der Betrachtung einer Ikone erfährt man die Gegenwart Gottes. Sie werden nach alter Überlieferung gemalt, und ihre Maler werden »Ikonenschreiber« genannt. Die Intention dieser kirchlich geweihten Ikonen ist es, Ehrfurcht zu erwecken und eine existenzielle Verbindung zwischen dem Betrachter und dem Dargestellten zu vermitteln, indirekt auch zwischen dem Betrachter und Gott. Die Ikonen sind als Mittler zwischen Diesseits und Jenseits fest im Glauben der orthodoxen Kirche verankert, ihnen wird eine Wunderwirkung zugeschrieben.

In unserer heutigen Zeit haben die Malerei und die Zeichnung nicht nur in der bildenden Kunst ihren festen Platz. Sie begegnen uns ebenso in der Architektur, in der Biologie, im Bodypainting, in der Kunsttherapie und in den verschiedensten medialen Ausbildungen. Mediales Malen in Form der Aura-Malerei ist mir persönlich das erste Mal 2003 in England während meiner medialen Ausbildung begegnet. In der Medialität wird das Malen als eine Art »Schlüssel« benutzt, um die eigenen Hellsinne zu entdecken und zu entwickeln. Ein Psychic-Art-Medium nutzt unter anderem z. B. die feinstoffliche

Wirkung der Farbschwingungen und Symbole, um für seine Klienten oder auch für bestimmte Räume harmonisierende und energetisch kraftvolle sowie unterstützende Energiebilder zu malen.

In den verschiedenen Techniken des medialen Malens wird das Spiegelbild der Seele in Form von Farben und Symbolen sichtbar gemacht. Diese Bilder stellen, ähnlich einem Horoskop, Abbilder der Persönlichkeit dar, in denen sich seelisch-geistige Aspekte sowie Fähigkeiten und Entfaltungsmöglichkeiten spiegeln.
Einem Medium, dem medial arbeitenden Coach, Heiler oder Therapeuten verraten die vom Klienten intuitiv gewählten Farbenergien und Symbole etwas über dessen individuelle Sorgen, Ängste, Charaktereigenschaften, Werte und Tugenden.
Malt der Klient sein Bild selbst in Anwesenheit des Mediums, eines medial arbeitenden Coaches oder eines medial arbeitenden Therapeuten, können Lösungswege sichtbar gemacht werden, denn jeder Mensch trägt die Lösungen für seine Probleme bereits in sich.

Bevor wir uns dem medialen Malen selbst widmen, möchte ich Sie auf eine kleine Einführungsreise in die wichtigen Themen Medialität, Aura, Chakren, Farben und Symbole einladen, damit Sie nach dem Studium dieses Buches auf ein solides Fundament zurückgreifen können, auf das Sie beim Malen und Lesen Ihrer eigenen energetischen Bilder bauen können.

MEDIALITÄT

Die Entwicklung der eigenen Medialität

In den Mysterienschulen der antiken Geheimkulte war die »Intuition«, das »Wissen«, die »totale Erkenntnis« und die damit verbundene »Erleuchtung« das höchste zu erreichende Ziel des Adepten. Dieses erreichten die Schüler durch Arbeit an sich selbst, Gebet und Meditation. Sie entdeckten sehr schnell, dass innerer Frieden und Lauterkeit (Uneigennützigkeit) Voraussetzungen für eine Verbindung mit der himmlischen Sphäre waren. Auf ihren Wegen lernten sie, dass Hellsehen, Hellhören und auch die Magie eher schädlich sind auf dem Pfad der Erkenntnis.

Wozu dient auch Hellsehen oder Hellhören, wenn man nicht in der Lage ist, die Symbole, Farben sowie das Gehörte zu interpretieren? Wozu Wesenheiten sehen, wenn man nicht in der Lage ist, zu erkennen oder zu erfragen, wer sie sind und was sie wollen? Woran erkennt der Schüler die Richtigkeit oder die Falschheit der von diesen Wesenheiten genannten Antworten?
In den alten heiligen Büchern der verschiedensten Religionen wird über die Existenz unsichtbarer Wesenheiten berichtet, die »Geister des Lichtes« und die »Geister der Finsternis«. Woran erkennt der ungeübte Schüler nun, wer gut und wer böse ist? Das Aussehen und

die Stimme verraten nichts. Die Geister der Finsternis sind Meister der Täuschung! Sie zeigen sich in vertrauenerweckendem Äußeren, reden mit zarter und schmeichelnder Stimme oder imitieren die Stimmen von geliebten Verstorbenen.
In unserem Gehirn werden Erinnerungen in Bild und Ton gespeichert und können jederzeit bei Bedarf wieder abgespult werden. Die Meister der Täuschung und auch unser eigenes Wunsch- und/oder Angstdenken können diese Erinnerungen jederzeit wieder abrufen und sie vor unserem geistigen Auge, manchmal auch vor unseren physischen Augen, oder in nächtlichen Traumbildern erscheinen lassen. Dies sind jedoch Trugbilder, Sinnestäuschungen, die den Schüler fehlleiten.
So legten bereits die Adepten der alten Mysterienkulte höchsten Wert darauf, ihre Intuition zu entwickeln, denn die ausgebildete Intuition lässt sich nicht täuschen. Alle anderen Sinne, egal, ob es sich um die physischen oder die Hellsinne handelt, sind unsicher und können irregeführt werden. Genauso wichtig ist die Arbeit an sich selbst, das Erkennen der eigenen Emotionen, der eigenen Wünsche und der eigenen Ängste. Nur wer ehrlich und offen mit sich selbst umgeht und sich selbst in die Augen sieht, kann auch irgendwann die Hellsinne zwecks Wahrheitssuche und Selbsterkenntnis einsetzen.

Dies ist heute noch genauso aktuell wie zur Zeit der alten Geheimkulte – womöglich ist es heute sogar noch aktueller und wichtiger denn je. Wenn ich mich umschaue und erlebe, wer und was alles channelt, welche Wesenheiten angeblich gechannelt werden, welche Botschaften ungefragt – und meist auch ohne zu hinterfragen, woher und von wem diese so genannten Durchsagen kommen – einfach als wahr angenommen und umgesetzt werden, bereitet mir diese Entwicklung ein ungutes Gefühl. Die Engel und unsere geistigen Begleiter sind immer an unserer Seite, aber sie nehmen uns nie unsere Eigenverantwortung und unser Leben ab. Sie lösen auch nicht unsere Probleme, denn diese so genannten Probleme sind »Wachstumsprozesse«. Wir

sollten uns stets vor Augen halten, dass wir die Verantwortung für unsere Gedanken, Worte, Taten und die daraus resultierenden Ergebnisse selbst tragen.
Medialität kann unser Leben bereichern, aber sie sollte keine Abhängigkeiten schaffen. Weder vom Spirit noch von irgendwelchen Medien.

Nun mögen Sie sich fragen: Warum sollten wir dann unsere medialen Wahrnehmungssinne überhaupt entwickeln?

- Durch das intensive Training der Intuition und der Hellsinne lernen wir, unser Potenzial in intuitivem Handeln und in intuitivem Entscheiden gezielter einzusetzen.
- Durch die sensitivere Wahrnehmung unseres Selbst und unserer Umwelt können wir uns leichter auf die Realität unseres Gegenübers einstellen.
- Wir entdecken neue Möglichkeiten, Informationen aus der Außenwelt und den feinstofflichen Ebenen zu empfangen, zu verarbeiten und einzusetzen.
- Durch das intensive energetische Arbeiten können die Selbstheilungskräfte und die eigenen Heilungskanäle aktiviert werden.

Zusammengefasst kann man sagen, dass uns unsere ausgebildete Sensitivität und geschulte Intuition zu mehr Erfolg im Alltag und in unserem Beruf verhelfen.

Die Entwicklung der eigenen Medialität öffnet uns eine Tür zu unserem Innersten und gestattet uns einen Blick auf unseren innersten Kern, auf unser Selbst. Diese Entfaltung kann eine Etappe auf der spirituellen Reise der Selbsterkenntnis sein, unseren Blick verändern und uns letztendlich zu einem zufriedeneren Menschen machen.

Unsere medialen Wahrnehmungssinne

Ein gesunder Mensch hat in der Regel fünf physische Sinne, die seine Wahrnehmung und Vorstellung von der Welt bestimmen. Dazu gehören der:

Hörsinn	⇨	Mit unseren Ohren hören wir.
Gesichtssinn	⇨	Mit unseren Augen sehen wir.
Geruchssinn	⇨	Mit unserer Nase riechen wir.
Geschmackssinn	⇨	Mit unserer Zunge schmecken wir.
Tastsinn	⇨	Mit unserer Haut fühlen wir.

Ebenso wie unsere physischen Sinne können wir auch unsere medialen Wahrnehmungssinne in Hörsinn, Gesichtssinn, Geruchssinn, Geschmackssinn und Tastsinn unterteilen. Mit unseren Hellsinnen können wir sehen, hören, fühlen, riechen und schmecken, was ein anderer zu diesem Zeitpunkt vielleicht nicht wahrnehmen kann, z. B. visuelle und auditive Informationen aus den feinstofflichen Ebenen. Wir können die feinstofflich geprägten Informationen eines Gegenstandes ebenso wahrnehmen und lesen wie die energetischen Informationen aus der Aura unseres Gegenübers.

Definition unserer Hellsinne:

Unsere medialen Wahrnehmungssinne können wir in zwei Kategorien einteilen: die »objektiven« und die »subjektiven« Hellsinne. Für die objektive Wahrnehmung nutzen wir unsere physischen Sinne, die subjektive Wahrnehmung geschieht mental und wird meist mit Erinnerungen und Emotionen verknüpft.

Hellsichtigkeit:

Die visuelle Wahrnehmung von Bildern, Gesichtern, Symbolen und Ähnlichem aus den feinstofflichen Ebenen, die ein anderer zu diesem Zeitpunkt meist nicht wahrnehmen kann.

Subjektive Hellsichtigkeit: Bei der subjektiven Hellsichtigkeit werden Bilder, Farben, Zahlen, Gesichter, Worte oder Symbole im Kopf wie auf einer Leinwand oder einem Foto wahrgenommen. Manchmal werden diese Informationen mit Erinnerungen und Emotionen verknüpft.

Objektive Hellsichtigkeit: Hier werden Bilder, Farben, Zahlen, Gesichter und Ähnliches mit den physischen Augen wahrgenommen.
Bei der objektiven Hellsichtigkeit gibt es unterschiedliche Formen der Wahrnehmung.

- Es gibt z. B. Menschen, die ein feinstoffliches Wesen genauso klar und deutlich mit den physischen Augen sehen können, als wäre es in einem materiellen Körper vor ihnen sichtbar.
- Eine andere Möglichkeit besteht darin, ein geistiges Wesen in einer durchscheinenden Gestalt zu sehen, ähnlich einer Lichtprojektion.
- Es gibt ebenso die Möglichkeit, ein geistiges Wesen als strahlende Lichtgestalt zu sehen. Hier sind weder Gesicht noch Hände oder andere Körperformen genauer zu erkennen. Es lässt sich auch nicht unterscheiden, ob es sich um eine weibliche oder männliche Erscheinungsform handelt. Bei dieser Art der Hellsichtigkeit werden dann meist noch die anderen Hellsinne eingesetzt, um gegebenenfalls herauszufinden, wer der geistige Besucher ist.

Hellhörigkeit:

Die auditive Wahrnehmung von Geräuschen, Stimmen, Musik und Ähnlichem aus den feinstofflichen Ebenen, die ein anderer zu diesem Zeitpunkt meist nicht wahrnehmen kann.

Subjektive Hellhörigkeit: Das Hören von Geräuschen, Stimmen oder auch Musik im Kopf. Diese Wahrnehmung ist meist mit Erinnerungen und Emotionen verknüpft.

Objektive Hellhörigkeit: Wahrnehmung von Stimmen, Geräuschen, Musik und Ähnlichem mit den physischen Ohren.

Hellfühligkeit:

Die körperliche Wahrnehmung von Emotionen, körperlichen Veränderungen und Ähnlichem, die von den feinstofflichen Ebenen oder dem Gegenüber vermittelt werden und die ein anderer zu diesem Zeitpunkt meist nicht wahrnehmen kann.

Subjektive Hellfühligkeit: Der Mensch spürt am und im eigenen Körper Gefühle oder körperliche Veränderungen, die er aus der geistigen Welt oder von seinem Gegenüber vermittelt bekommt, z. B. eine umfangreichere Leibesfülle oder plötzliche Traurigkeit. Diese subjektive Wahrnehmung ist meist mit Erinnerungen und Emotionen verknüpft.

Objektive Hellfühligkeit: Wahrnehmung eines Besuchers aus den feinstofflichen Ebenen mit all seiner Präsenz im Raum. Ebenso das Fühlen, wenn jemand in die eigene Aura tritt – egal, ob Mensch oder geistiges Wesen.

Hellriechen:
Die Wahrnehmung eines Geruchs, den ein anderer zu diesem Zeitpunkt meist nicht wahrnehmen kann.

Subjektives Hellriechen: Der Mensch nimmt den Geruch innerlich wahr und verbindet diesen meist mit Erinnerungen und Emotionen.

Objektives Hellriechen: Wahrnehmung des Geruchs in der Luft.

Hellschmecken:
Die Wahrnehmung eines Geschmacks.

Subjektives Hellschmecken: Der Mensch nimmt den Geschmack innerlich wahr und verbindet diesen meist mit Erinnerungen und Emotionen.

Objektives Hellschmecken: Wahrnehmung des Geschmacks im Mund.

Es sind zudem unterschiedliche Kombinationen der oben genannten Fähigkeiten möglich.

Die wenigsten Menschen haben daneben objektive Formen der Medialität, d. h. die meisten Menschen empfangen subjektiv, sie nehmen die Informationen mental auf.

Was ist ein Medium?

Zu dem sehr umfangreichen Themenkomplex »Medialität« und »mediale Wahrnehmungssinne« gehört natürlich auch die Rolle des »Mediums«. Mittlerweile gibt es fast unzählige Bücher und Fernsehsendungen zu diesem Thema, deshalb begrenze ich mich hier auf ein Minimum. Um dem interessierten Neueinsteiger in diese Thematik einen kleinen Einblick zu verschaffen, habe ich hier das Wesentliche kurz zusammengefasst.

Ein Medium ist eine Person, die als Mittler zwischen der so genannten geistigen Welt und den Lebenden dient. Diese Menschen besitzen ausgeprägte übersinnliche Gaben, die sie in den Dienst der Menschheit stellen. Medien, die im Sinne des englischen Spiritualismus tätig sind, sehen ihre Aufgabe darin, den Beweis für ein Leben nach dem irdischen Tod zu erbringen. Manche Medien sehen ihre Aufgabe darin, dem Ratsuchenden mit Botschaften aus der geistigen Welt spirituelle Führung zu erteilen. Diese Botschaften sind immer wohlwollend und aufmunternd und niemals verurteilend oder ängstigend und belastend. Solche Botschaften beeinträchtigen nie den freien Willen des Menschen!

Wir haben alle von Geburt an eine gewisse Begabung in den verschiedenen Formen der Medialität und nutzen diese unbewusst. Die medialen Anlagen sind jedoch, wie auch alle anderen Begabungen, unterschiedlich ausgeprägt. Viele mögen Musik, doch nicht jeder hat die Stimme eines Opernstars, da nutzt auch konsequentes Üben nichts. Was macht man nun mit seinen Anlagen? Es gibt rund um das Thema Musik sehr viele Möglichkeiten, seine Träume auszuleben, z. B. als Komponist, Musikmanager, Musiklehrer, oder man kann ein Instrument lernen, um damit erfolgreich zu sein und die Bühnen der Welt zu erobern.

So gibt es auch unter den Medien unterschiedlich begabte Menschen. Die meisten haben durch hartes Training, Disziplin und Übung ihre Anlagen verfeinert und zu gebrauchen gelernt. Die meisten Geistwesen kommunizieren mit den Medien, über die sie Bilder, Symbole, Farben, Geräusche, Gedanken, Gefühle oder Düfte vermitteln können. Diese Übermittlung wird dann von den Medien interpretiert bzw. an den Klienten weitergegeben. Die Medien müssen dabei mit sich und ihren Gefühlen, ihren Gedanken, kurz und gut mit sich selbst im Reinen sein, um die Botschaften klar empfangen zu können, d. h. von der eigenen inneren Stimme unterscheiden und vorurteilsfrei weitergeben zu können.
Einige wenige Menschen haben die Fähigkeit, die geistige Welt (die Verstorbenen, Engel, geistige Führer usw.) mit den physischen Augen sehen sowie mit den physischen Ohren hören und so in eine direkte Kommunikation mit dem geistigen Wesen treten zu können. Dies ist jedoch sehr selten, die wenigsten Medien bekommen Eins-zu-eins-Informationen.

Die Entwicklung der eigenen Medialität ist ein Etappenziel auf der Reise der Selbsterkenntnis. Schon in den alten Mysterienschulen war die Persönlichkeitsentwicklung, die Vervollkommnung des eigenen Charakters bis hin zur Erleuchtung das größte Ziel des Adepten. Die Entwicklung der Hellsinne war dabei stets ein Nebenprodukt, welches dazu eingesetzt wurde, die eigene Entwicklung zur Vollendung zu bringen. Dies sollte das Ziel eines jeden ernsthaften Schülers sein, denn nicht alle sind dazu geboren, um als Medium oder als Heiler ihren Dienst an der Menschheit zu vollbringen.

Welche Medien gibt es?

Schreibmedium

Das Medium schreibt, meist im Zustand der Halbtrance, die Botschaften der geistigen Welt auf ein Blatt Papier, wobei seine Hand durch die Energie einer feinstofflichen Wesenheit geführt wird und das Medium oft gar nicht weiß, was es gerade schreibt.

Malmedium

Malmedien zeichnen Porträts von Verstorbenen oder Geistwesen, oder sie malen Aurabilder, Heilbilder und Ähnliches.

Musikmedium

Das Musikmedium empfängt hellhörend Musikstücke aus der geistigen Welt. So ist es z. B. möglich, dass ein Musikmedium die Seelenmusik des Klienten empfängt und für ihn spielt. Die eigene Seelenmusik zu hören ist ein unbeschreibliches Erlebnis.

Psychic-Medium

Das Psychic-Medium arbeitet mit der eigenen Energie und der Energie der Aura des Empfängers. Das Medium liest in der Aura des Klienten, wobei meist keine Botschaften oder Informationen aus der geistigen Welt vermittelt werden. Als Handwerkszeug nutzt das Psychic-Medium oft eine Technik des medialen Malens (Psychic-Art), die ihm die Tür zu den feinstofflichen Ebenen öffnen kann.

Englische Psychometrie

Laut Definition ist die Psychometrie die Theorie und Technik der psychologischen Messung von Kenntnissen, Fähigkeiten, Verhaltensweisen und Persönlichkeitszügen. Jeder Mensch besitzt eine gewisse Ausstrahlung von Energie, die sich auch auf oft und lange getragene Gegenstände überträgt. Das Medium kann durch das Abtasten eines solchen Gegenstandes Informationen über den Charakter oder über Erlebnisse der Person empfangen.

Trancemedium

Eines der bekanntesten Trancemedien war Edgar Cayce (1877-1945), der auch als der »schlafende Prophet« bekannt ist. Im Zustand der Volltrance beantwortete er Fragen über Gesundheit, Krankheit, Astrologie, Reinkarnation und Karma.

Geistiges Medium/Mental-Medium

Das Medium erhält die Informationen aus der geistigen Welt mental, deshalb wird diese Fähigkeit mentale oder geistige Medialität genannt.

Philosophisches Medium/Channel

Die Channel-Medien gehen davon aus, dass sie Botschaften von so genannten höher stehenden geistigen Wesen empfangen, die spirituelle Weisheiten und spirituelle Führung für die Menschen enthalten. Die Informationen können sowohl subjektiv als auch objektiv wahrgenommen werden.

Transfiguration/Materialisation

Der Begriff »Ektoplasma« wurde von Charles R. Richet in die Parapsychologie übernommen. Bei einem Transfigurations-/Materialisationsmedium tritt Ektoplasma aus den Körperporen aus, welches einen Gegenstand formt oder eine menschliche Form annimmt (z. B. die Gestalt eines Verstorbenen) oder sich als eine Art Maske vor dem Gesicht des Mediums bildet und so das Gesicht eines Geistwesens darstellt. Da Ektoplasma sehr lichtempfindlich ist, werden diese Transfigurationen und Materialisationen nur in abgedunkelten oder in mit Rotlicht belichteten Räumen vorgeführt. Transfigurationen/Materialisationen sind für alle Menschen sichtbar, nicht nur für Hellsichtige.

Spiritualistisches Medium

Ein spiritualistisches Medium sieht seine Aufgabe darin, glaubhafte Beweise für ein Leben nach dem irdischen Tod zu erbringen. Seine Klienten erhalten Beschreibungen über den Charakter, das Aussehen, besondere Eigenschaften und eventuell Aussagen über Krankheitssymptome. Und oft werden Begebenheiten aus dem Leben eines Verstorbenen, der sich mitteilen möchte, geschildert, so dass der Verstorbene von den Hinterbliebenen eindeutig erkannt werden kann. Oft erleichtert das den Hinterbliebenen das Abschiednehmen, und manchmal können Missverständnisse, die zu Lebzeiten geschehen sind, bereinigt werden.

Spirituelle Heiler

Als Heiler dient man als Kanal für die göttlichen Heilenergien. Es gibt Heiler, die eng mit der geistigen Welt zusammen arbeiten, d. h es stehen ihnen Geistwesen zur Seite, die den Heilern medial Tipps vermitteln, wie man die Selbstheilungskräfte des Klienten anregt und aktiviert. Diese Heiler sehen z. B. die Energien als Farben oder Ähnliches.

Woran erkenne ich ein gutes Medium?

Leider hören wir sehr oft von merkwürdigen Begegnungen mit Medien und Heilern, die durch Angst machende und/oder Heilversprechende Botschaften Hilfesuchende in eine emotionale Abhängigkeit bringen.
Ich möchte an dieser Stelle einen kleinen Einblick in den Ehrenkodex der Medien geben, damit Sie, liebe Leser und Leserinnen, die Möglichkeit haben, sich Ihr Medium bewusst auszusuchen, um dann etwas Neues, Spannendes und Wegweisendes bei Ihrer eigenen Sitzung zu erleben. Vielleicht eröffnen sich Ihnen während Ihrer Einzelsitzung bei dem Medium Ihrer Wahl dann neue Einsichten und Perspektiven für ein bewusstes und erfülltes Leben.

- Ein seriöses Medium ist offen und ehrlich.
- Das Medium kann keine bestimmte verstorbene Person herbeirufen zwecks Kommunikation.
- Es kann keinen Kontakt mit der geistigen Welt garantieren.
- Das Medium/der Heiler macht Ihnen keine Versprechungen.
- Das Medium liefert Ihnen unaufgefordert glaubhafte Beweise oder Hinweise, so dass Sie eine verstorbene Person selber eindeutig erkennen können.
- Das Medium darf niemals Prognosen über Ihre Zukunft stellen bzw. sagen, was Sie zu tun und zu lassen haben, um etwas Bestimmtes zu erreichen.
- Die Durchsagen eines Mediums dürfen niemals das materielle Leben des Klienten beeinflussen.
- Das Medium lässt nur Durchsagen zu, die »Wissen« vermitteln.

- Ein seriöses Medium lässt niemals Durchsagen niederer Wesenheiten zu! Wie auf Erden, so gibt es auch in der geistigen Welt Seelen mit unterschiedlichen geistigen und emotionalen Entwicklungsstufen. Darunter gibt es Wesenheiten, die eine Freude daran haben, Menschen zu verunsichern, zu erschrecken und manchmal sogar ins Verderben zu stürzen. Halten Sie sich bitte an den Leitsatz: Botschaften von höher entwickelten Wesenheiten und Durchsagen von Ihren Verstorbenen sind immer wohlwollend und aufmunternd und niemals verurteilend oder sogar ängstigend und belastend! Auch wenn Sie zu Lebzeiten Schwierigkeiten mit der oder dem Verstorbenen hatten, so können Sie davon ausgehen, dass die Seele nun ihr gelebtes Leben aus einem anderen Blickwinkel betrachtet und Gegebenheiten erkennt und versteht, die ihr oder ihm zu Lebzeiten nicht augenfällig waren. So kommen die Verstorbenen, um Ihnen ihre Liebe zu zeigen – und/oder oftmals auch mit der Bitte um Versöhnung.
- Es darf keine Abhängigkeit geschaffen werden! Dies kann beispielsweise mit Aussagen geschehen wie: »Diese Frage beantworte ich Ihnen beim nächsten Mal ...« Ein seriöses Medium nutzt weder die wirtschaftliche noch die emotionale Notsituation seines Klienten aus!
- Es dürfen keine Aussagen über das Todesdatum, Lottozahlen etc. gegeben werden.
- Die Entscheidungsfreiheit und der freie Wille eines jeden Menschen sind zu achten.
- Es dürfen keine Suggestivfragen gestellt werden! Füttern Sie das Medium nicht mit Informationen!
- Das Medium sollte keine Fragen stellen, z. B. Wen wollen Sie gerne sprechen? Woran ist er gestorben? Wie war Ihr Verhältnis zu dem Verstorbenen? Und so weiter.

- Medialität hat nichts mit Wahrsagerei zu tun.
- Das Medium führt keine magischen Rituale oder Ähnliches durch.
- Die Durchsagen sollten hilfreich und aufmunternd sein und nie verurteilend, beurteilend, erschreckend oder belastend.

Ein paar Tipps von mir:

Gehen Sie mit einem offenen Herzen und einer gesunden Portion Skepsis zu einem Medium, dann ist alles möglich!

Ein noch so gutes Medium kann nichts ausrichten, wenn Sie als Klient nicht bereit sind, Durchsagen von Verstorbenen anzunehmen, mit denen Sie eigentlich keinen Kontakt haben möchten. Viele Seelen warten auf die Chance der Vergebung und der Versöhnung. Nutzen Sie diese Möglichkeiten, wenn Sie sich Ihnen bieten. Schenken Sie sich und der Seele die Chance, dass Ihre beiden Herzen heilen dürfen.

Füttern Sie das Medium nicht mit Informationen! Es kann durchaus passieren, dass kein Kontakt hergestellt werden kann. Das bedeutet nur, dass es vielleicht der falsche Zeitpunkt ist oder das Medium zu erschöpft ist. Ebenso ist es möglich, dass der Klient zu skeptisch und vielleicht sogar dem Ganzen gegenüber negativ eingestellt ist. In solch einem Fall bietet Ihnen ein seriöses Medium einen Ersatztermin an.

Der Weg der Spiritualität beinhaltet den Weg der Selbsterkenntnis und den Weg der Wahrheitssuche, wenn diese Wege sich vereinen, befinden wir uns auf dem spirituellen Weg, der uns nach Hause führt, zurück zu Gott. (Egal, welchen Namen oder welchen Begriff wir ihm geben.)

»AURA« UND »CHAKREN«

Die Aura und die Chakren nehmen in der Medialität eine wichtige Rolle ein. So arbeitet, wie bereits erwähnt, das Psychic-Medium hauptsächlich mit der Energie der Aura, und beim medialen Malen werden die Aura und die Chakren in Form von Farben und Symbolen sichtbar gemacht, um dem Klienten Einsicht in sein Leben zu ermöglichen, konkrete Lebenssituationen sichtbar zu machen und gegebenenfalls mögliche Wege und Lösungen aufzuzeigen. Der Auragraph dient hier als Spiegelbild und stellt ein Abbild der Persönlichkeit dar, in dem seelisch-geistige Aspekte und der Seele innewohnende Fähigkeiten und Entfaltungsmöglichkeiten reflektiert werden.

Um mit den Auragraphen arbeiten zu können, ist es sinnvoll, sich mit den Themen »Aura« und »Chakren« auseinanderzusetzen.

Eine kurze Einführung in die Themen »Aura« und »Chakren«

»Aura«

Die Aura ist die Ausstrahlung des Energiefeldes, das einen beseelten oder auch unbeseelten Körper umhüllt. Die Aura eines beseelten Körpers ist der Spiegel seines seelischen und körperlichen Zustandes. In ihr zeigen sich unsere Entwicklung, unsere Lebensqualität, unsere Taten und unsere Emotionen, deshalb verändert sie sich ständig.

Jeder Gedanke, jedes Wort und jede Tat spiegelt sich in neuen Farbkombinationen in der Aura wider und liefert so immer neue Informationen über diesen Menschen. Die Aura ist keine starre Masse, sondern besteht aus feinsten Energien, deren Zugehörigkeit an unterschiedlichen Strukturen festgemacht werden kann.

Hellsichtige Menschen können in der Aura Gefühlsnarben entdecken, z. B. in Form eines kleinen dunklen Wirbels, eines Knäuels, einer Spirale oder einer Naht. Diese Narben können positiv inspiriert sein durch glückliche Erlebnisse oder auch negativ durch erlebte Traumata unterschiedlichster Genese. Die positiv erlebten Narben (vielleicht sollte man sie »Erinnerungswölkchen« nennen) sehen strahlender aus, so als wäre um das Mal ein kleiner Strahlenkranz der Freude entstanden.

Schwarze Punkte in der Aura können für Probleme stehen. Um diese Probleme zuordnen zu können, muss man die sie umgebenden Farben anschauen und deren Zusammenhang interpretieren, z. B. viele schwarze Punkte kombiniert mit der Farbe Gelb können bedeuten, dass diese Person intellektuelle Probleme hat. Schwarze Punkte kombiniert mit der Farbe Grün deuten dagegen eher darauf hin, dass diese Person gesundheitliche Probleme hat. Vieles gefühlte und/oder gesehene Dunkle in der beseelten Aura bedeutet nicht automatisch, dass diese Person ein schlechter Mensch ist, weil er oder sie eine negative (schwarz erscheinende) Aura hat, sondern heißt vielmehr, dass Sorgen, depressive Gedanken und Ängste die sonst leuchtenden Farben trüben oder eventuell überschatten. Sicherlich kann es sich dabei auch um einen nicht sehr freundlichen Zeitgenossen handeln, aber man sollte doch erst einmal genau hinschauen und hinfühlen, bevor man eine Person verurteilt. Und um ehrlich zu sein, ich persönlich kann den Spruch »XY hat eine negative Aura« nicht mehr hören. Wir nehmen uns mit solchen Vorurteilen die Chance, einen Menschen kennen zu lernen sowie von ihm und mit ihm zu lernen.

»Chakren«

Der Begriff »Chakra« kommt aus dem Sanskrit und bedeutet wörtlich übersetzt »Rad«. Die Chakren sind (unsichtbare) Energiezentren des menschlichen Körpers, durch die wir ätherische Vitalität (göttliche Lebensenergie) aus dem Kosmos aufnehmen. Sie transportieren die Lebensenergie durch alle Energiezentren und verteilen sie im gesamten Körper. In der Regel geht man von sieben Hauptchakren aus, die mit der Aura und dem physischen Körper in Verbindung stehen und diesen beeinflussen können.

Die abendländischen wie auch die asiatischen Traditionen gehen ebenfalls von sieben Hauptchakren und mehreren Nebenchakren aus. Diese Beschreibungen unterscheiden sich jedoch darin, dass sie in ihren Schriften das Sakralchakra selten erklären bzw. nicht zu den Hauptchakren zählen; stattdessen zählt das Milzchakra zu den Hauptchakren. Möglicherweise liegt dies daran, dass zumeist Mönche und Nonnen, die in der Enthaltsamkeit leben, diese Chakren in visionärem Schauen sehen und beschreiben. Menschen, die im Zölibat leben, haben ein nicht sehr stark entwickeltes Sakralchakra.

Die Chakren werden in der gängigen Literatur manchmal unterschiedlich in ihrer energetischen Drehbewegung beschrieben, manche auch in ihrer Farbschwingung. Mal sind sie rechtsdrehend, mal linksdrehend oder sie drehen sich abwechselnd nach rechts oder nach links. Ich habe auch schon gehört, dass sie sich beim Mann nach rechts drehen (oder war es linksdrehend?) und bei der Frau in die entgegengesetzte Richtung. Wir finden z. B. beim Kronen-Chakra einmal die Beschreibung einer weißen Farbschwingung oder auch die einer violetten. Diese unterschiedliche Wahrnehmung kann man sich vielleicht dadurch erklären, dass Energie keine feste Masse ist und sich stetig mit dem Bewusstseins- und Entwicklungsprozess eines Menschen verändert. Wichtig aus meiner Sicht ist, dass die Chakren in klaren, kraftvollen und strahlenden Farben schwingen.

Den verschiedenen Chakren werden bestimmte Farben zugeordnet. Je nach Farbintensität und Reinheit der Chakrenfarben sind unterschiedliche Charaktereigenschaften, Werte, Tugenden und Gedanken präsent, die zu diesem Zeitpunkt im Vordergrund stehen und ihre Wirkung auf den physischen Körper wie auch auf die menschliche Aura haben und die die derzeitige Persönlichkeit des Menschen spiegeln. Zu dunkle oder zu helle Chakrenfarben zeigen uns, dass der Mensch auf der jeweiligen dazugehörenden energetischen und physischen Ebene nicht hundertprozentig im Gleichgewicht ist, dass hier eine Schwachstelle vorliegt und dass die Person sich nicht so entwickelt, wie sie könnte.

Die Auraschichten und ihre Bedeutungen

Physischer Körper

- Handlungen

Ätherische Aura / ätherischer Körper
(auch das energetische Doppel der physischen Aura genannt)

- Die Ätherhülle spielt eine entscheidende Rolle für die physische Gesundheit, da sie die für den beseelten Körper lebenswichtige Vitalkraft aus dem Sonnenlicht aufnimmt.
- Der ätherische Körper besteht aus feinen Energielinien, die sich, ähnlich einem flirrenden Lichternetz (flirrende Sommerluft), um und über den Körper ziehen.
- Diese Energiematrix (Gerüst aus Kraftlinien) gibt dem physischen Körper Halt und Form.
- In diesem oszillierenden, bläulichgrauen Licht kann man die physischen Organe erkennen.
- Der ätherische Körper durchdringt alle Teile des physischen Körpers und strahlt in einem Abstand von ca. zwei bis drei Zentimetern über diesen hinaus.
- Er ist in seinen Umrissen identisch mit dem physischen Körper.
- Farbe: zartes Hellblau bis Grau
- Durch die Silberschnur ist der physische Körper mit dem Ätherkörper verbunden.
- Hier sind alle vergangenen und gegenwärtigen Informationen gespeichert über die autonomen Körperfunktionen

und die physischen Empfindungen von Schmerz, Angst und Lust.

- Der ätherische Körper steht in Verbindung mit dem Wurzelchakra.

Stärkung des ätherischen Körpers:
»Nehmen Sie das Leben mit allen Sinnen wahr, und genießen Sie es.«

Emotionaler Körper = Träger der Gefühle und Emotionen

- Enthält alle Farben des Regenbogens, je nach Gefühls- und emotionaler Situation in unterschiedlichen Kombinationen und unterschiedlicher Farbintensität.
- In sich fließende Energiepartikel oder »Energiewölkchen«, die an der unsichtbaren Kraftlinie des ätherischen Körpers entlangfließen.
- Hier sind alle vergangenen und gegenwärtigen Informationen über die durchlebten psychischen Erfahrungen gespeichert.
- Der emotionale Körper steht in Verbindung mit dem Sakralchakra.

Stärkung des emotionalen Körpers:
»Stehen Sie zu all Ihren Emotionen, und leben Sie diese.«

Mentalkörper

- Offenbart die Gedanken, die Ideen, den Intellekt und die Verstandeskraft eines Menschen.

- Hier sind alle Daten, Zahlen, Symbole sowie Erinnerungen an Personen und Ereignisse gespeichert.
- Erscheint als helles gelbes Licht, das den gesamten Kopf und die Schultern umfließt.
- Zusätzlich zu diesem hellen Gelb können die Farben der emotionalen Auraschicht das helle Gelb überschatten und so Informationen über die mentalen Prozesse dieses Menschen vermitteln.
- Der Mentalkörper steht in Verbindung mit dem Solarplexuschakra.

Stärkung des Mentalkörpers:
»Gestatten Sie sich, der Mittelpunkt in Ihrem Leben zu sein und Ihr inneres Licht erstrahlen zu lassen.«

Astralkörper

- Hat die gleichen regenbogenfarbenen Lichtenergien wie der emotionale Körper, die jedoch zusätzlich mit rosa Licht durchtränkt sind.
- Umwandlung von Energien in die alles umfassende Liebe.
- Hier befindet sich die Ebene unserer Beziehungen: die Beziehung zu Mensch, Tier, Natur, Kosmos, zu allem, was ist.
- Diese Ebene offenbart uns unsere Gefühle, die wir füreinander empfinden.
- Erstreckt sich etwa fünfzehn bis dreißig Zentimeter außerhalb des physischen Körpers.
- Der Astralkörper steht in Verbindung mit dem Herzchakra.

Stärkung des Astralkörpers:
»Lernen Sie, sich selbst zu lieben, Liebe zu empfangen und Liebe zu geben.«

Ätherischer Körper der immateriellen Ebene / Negativkörper

- Enthält die Negativkörper (ähnlich dem Fotonegativ) aller Formen der physischen Ebene. Er entspricht der vollkommenen Form, in die sich der Ätherkörper hineinentwickelt.
- Geläuterte Gefühle und Gedanken
- höherer Wille, göttlicher Wille
- Kraft des gesprochenen Wortes
- Übernahme der Eigenverantwortung für unser Handeln
- Farben: verschiedene Blautöne
- Erstreckt sich etwa 60 bis 75 Zentimeter außerhalb des physischen Körpers.
- Der ätherische Körper der immateriellen Ebene steht in Verbindung mit dem Kehlchakra.

Stärkung des ätherischen Körpers der immateriellen Ebene:
»Lernen Sie, mit dem Herzen zu sprechen und mit dem Verstand zu schweigen.«

Kausalkörper / Mentalkörper der immateriellen Ebene

- Bewusstsein des Einsseins mit unserem Schöpfer
- höheres Bewusstsein

- höhere Gedanken, das Intuitive
- Gibt den Menschen die Möglichkeit, die erhabenen Wahrheiten, die Geheimnisse des Universums zu ergründen.
- Bildet die ovale Form der Aura.
- Farbe: goldene Lichtenergie
- Erstreckt sich etwa 60 bis 80 Zentimeter außerhalb des physischen Körpers.
- Der Kausalkörper steht mit dem Stirnchakra in Verbindung.

Stärkung des Kausalkörpers:

»Vertrauen Sie sich selbst und dem göttlichen Fluss Ihres Lebens.«

Himmlischer Körper / Emotionalkörper der immateriellen Ebene / spiritueller Körper

- Träger höherer Gefühle göttlicher Herkunft
- In Verbindung mit einem geöffneten Herz- und Stirnchakra kann auf dieser Ebene bedingungslose Liebe fließen.
- Diese Liebe umfasst alles Leben, und wir erkennen, dass wir alle Kinder »Gottes« sind.
- Offenbart Informationen über die spirituelle Entwicklung eines Menschen.
- Erstreckt sich etwa 75 Zentimeter bis 105 Zentimeter außerhalb des physischen Körpers.
- Farben: glitzernde Pastellfarben und darüber gold- und silberfarben glänzende Lichtenergie

Stärkung des himmlischen Körpers

»Leben Sie die Essenz all Ihrer Lebenserfahrungen.«

In einigen Beschreibungen findet man noch eine achte Auraschicht, den Atmankörper.

Atmankörper

Der Atmankörper stellt den unsterblichen Funken der göttlichen Allmacht dar.

Die verschiedenen Auraschichten werden in der Literatur leicht unterschiedlich beschrieben, sowohl in der Farbe als auch in der Reihenfolge. Ich kann mir das nur so erklären, dass die objektiv hellsichtigen Menschen die Aura, analog zur Stufe ihrer eigenen Entwicklung, ebenso unterschiedlich wahrnehmen wie die Menschen mit subjektiver Hellsichtigkeit, die die Aura subjektiv in ihrem Kopf oder in der Meditation sehen. Wir dürfen hierbei auch nicht vergessen, dass der Mensch sich stetig verändert und diese Veränderungen sofort in der Aura sichtbar werden. Jeder Gedanke gibt der Aura bereits eine neue Schattierung.
Dies alles ändert jedoch nichts an den Grundaussagen über die Bedeutung der Aura eines beseelten Körpers. Es gilt wie immer: Finden Sie *Ihre* Antworten. Schauen Sie, was sich für Sie stimmig, gut und richtig anfühlt!

Die sieben Hauptchakren

In dieser Beschreibung der Hauptchakren gehe ich nicht auf die zugeordneten Körperzonen und Drüsen ein, da für das Lesen der energetischen Bilder die zugeordneten emotionalen Eigenschaften und die enthaltenen Glaubensmuster meist wichtiger sind.

Erstes Chakra: Wurzelchakra, »Muladhara«

»Wurzelkraft«

Die Energie dieses Chakras verbindet Sie mit der Erde. Es ist der Sitz der lebensschaffenden und lebenserhaltenden Ur-Energie.

Lage:	Das erste Chakra liegt am unteren Ende der Wirbelsäule am Steißbein und öffnet sich trichterförmig nach unten.
Chakrafarbe:	Rot
Zugeordnete Farbenergie:	Rot Dies ist die Farbe des Mutes, der Kraft und der Erdung.
Aura:	steht in Verbindung mit dem Ätherkörper
Zugeordnete geistige und emotionale Eigenschaften:	⊙ das Gefühl der Sicherheit durch die Familie und andere Gruppen (Freundeskreis, Verein etc.) ⊙ die Fähigkeit, das Leben zu gestalten und zu leben ⊙ die Fähigkeit, auf eigenen Beinen zu stehen

- Unabhängigkeit
- Gerechtigkeit und Ordnung schaffen und erhalten innerhalb der verschiedenen Systeme

Enthaltenes Glaubensmuster:	Glaubensmuster, die mit unseren biologischen Familien und unserem frühen sozialen Umfeld verbunden und durch sie geprägt sind.
Gedankenformen:	Stellt die Gedankenformen von uns dar, die durch verschiedene Gruppierungen geprägt sind und z. B. religiösen, ethischen, kulturellen, sozialen, geschäftlichen, beruflichen, politischen und familiären Traditionen entspringen.
Spirituelle Herausforderung:	Wie gut gehen wir mit unserer physischen Welt und all ihren Bewohnern um?

Die Energie, die unser erstes Chakra durchfließt, verbindet uns mit Mutter Erde und lässt uns erfühlen, dass wir ein Teil des Universums sind.

Zeichen des Ungleichgewichtes im ersten Chakra:

- Unausgeglichenheit
- sich gegenüber der physischen Welt verschließen
- Dinge, die wir gerne erreichen möchten, können wir nicht in die Tat umsetzen.
- Unser Weg scheint auf energetischer Ebene blockiert zu sein.
- Wir fühlen uns an keinem noch so schönen Ort zu Hause und finden keinen Platz, an dem wir auf Dauer sesshaft werden möchten.

- die Sehnsucht nach einer Gemeinschaft, die scheinbar nicht existiert
- Wir fühlen uns isoliert und verloren.
- Etwas scheint immer unvollkommen zu sein.
- Depressionen

Zweites Chakra: Sakralchakra, »Svadhishthana«

»Ihr besonderer Wohnort«

Das Sakralchakra ist der Sitz der Urinstinkte.

Lage:	Das zweite Chakra liegt ungefähr eine Handbreit unter dem Bauchnabel. Es öffnet sich trichterförmig nach vorne und nach hinten.
Chakrafarbe:	Orange
Zugeordnete Farbenergie:	Orange Dies ist die Farbe der Leidenschaft, der Lust, der Heiterkeit und der Kreativität.
Aura:	steht in Verbindung mit dem Emotionalkörper
Zugeordnete geistige und emotionale Eigenschaften:	⊙ Schuldzuweisungen an andere ⊙ Schuldgefühle entwickeln und von anderen annehmen ⊙ alle Themen rund um Sexualität ⊙ alle Themen, die mit Geld in Verbindung stehen

- Macht und Kontrolle
- Moral und Ehre in Zweierbeziehungen
- alle Themen rund um die eigene Kreativität

Enthaltenes Glaubensmuster:	Glaubensmuster, die durch die verschiedensten Beziehungen zweier Menschen geprägt sind und sich auf neue Beziehungen ungeprüft übertragen.
Gedankenformen:	Stellt die Gedankenformen dar, die von sexuellen Beziehungen, Freundschaften sowie von geschäftlichen und finanziellen Partnerschaften, Machtausübung und allen anderen Interaktionen, die zwischen zwei Menschen bestehen, herrühren.
Spirituelle Herausforderung:	Sich den positiven wie auch negativen Kontrollmustern in Bezug auf Beziehungen stellen, die Einfluss nehmen auf die eigene Energie und den physischen Körper.

Die Energie, die unser zweites Chakra durchfließt, dient dazu, dass wir andere anziehen und wir ebenso von ihnen angezogen werden. Durch diese Energie finden wir Partner oder Weggefährten, aber auch unsere Gegner fühlen sich von dieser Energie angezogen. Dieses Chakra aktiviert unser sexuelles Verlangen, warnt uns vor unsichtbaren Gefahren und schenkt uns bei Bedarf starke physische Kräfte.

Zeichen des Ungleichgewichts im zweiten Chakra:

- zwanghafte negative Gedanken
- Aggression

- Feindseligkeit
- Rachegefühle
- Gier
- kontinuierliche Erinnerungen an Gewalt oder Verrat
- sexuelle Impotenz
- Unfähigkeit zur Kreativität
- Unfähigkeit, mit dem Partner, der Partnerin energetisch verbunden zu sein
- Unfähigkeit, eine dauerhafte Beziehung zu führen

Drittes Chakra: Solarplexuschakra, »Manipura«

»Stadt des leuchtenden Juwels«
Das Solarplexuschakra ist der Sitz der Urform der Gefühle, der Gefühle von »Gut und Böse«, von »Richtig und Falsch«.

Das Solarplexuschakra ist gleichfalls unser karmischer Speicher. Hier finden wir Erinnerungen an frühere Leben.

Lage:	Das dritte Chakra liegt ungefähr zwei Fingerbreit oberhalb des Bauchnabels. Es öffnet sich trichterförmig nach vorne und nach hinten.
Chakrafarbe:	Gelb, Goldgelb
Zugeordnete Farbenergie:	Goldgelb Dies ist die Farbe des Vertrauens, des Selbstvertrauens, der Lebensfreude, der Fröhlichkeit und des erworbenen Wissens.

Aura:	steht in Verbindung mit dem Mentalkörper
Zugeordnete geistige und emotionale Eigenschaften:	⊙ Vertrauen ⊙ Selbstvertrauen ⊙ Selbstachtung ⊙ Respekt sich selbst und anderen gegenüber ⊙ Furcht ⊙ Einschüchterung ⊙ sich um sich selbst und auch um andere kümmern ⊙ Empfindsamkeit gegenüber Kritik ⊙ Verantwortung für das eigene Handeln ⊙ Ehre
Enthaltenes Glaubensmuster:	Glaubensmuster, die mit den Gedanken und Emotionen, die wir über unser Selbst haben, verbunden sind. Wie wir über unser Äußeres, unsere Intelligenz, unsere Fähigkeiten und unsere körperliche Geschicklichkeit denken.
Gedankenformen:	Im Solarplexuschakra befindet sich das Zentrum unserer »Selbstachtung«. Hier entspringen alle Gedankenformen, die mit Selbstachtung zusammenhängen – im positiven wie auch im negativen Sinne.
Spirituelle Herausforderung:	alle spirituellen Lektionen, die mit Selbstachtung und »Ich-Reifung« verbunden sind

Die Energie, die unser drittes Chakra durchfließt, dient dazu, in uns die Fähigkeiten der Selbstachtung, des Selbstrespekts und der Rechtschaffenheit zu entfalten.

Zeichen des Ungleichgewichts im dritten Chakra:

- Scham
- Unzulänglichkeit
- Befangenheit und Angst vor anderen und vor Neuem
- schnell erschöpft

Viertes Chakra: Herzchakra, »Anahata«

»Der reine Klang der Schöpfung«

Im Herzchakra brennt die »ewige Flamme der Liebe«.

Lage:	Das vierte Chakra liegt in der Mitte der Brust, in Höhe des physischen Herzens. Es öffnet sich trichterförmig nach vorne und nach hinten.
Chakrafarbe:	Grün
Zugeordnete Farbenergien:	Grün Dies ist die Farbe der Heilung, des inneren Gleichgewichts, der Harmonie und des spirituellen Wachstums. Pink (Rosa) Je nachdem, wie weit das Herzchakra entwickelt ist, kann man in dem Grün auch ein pinkfarbenes Licht erkennen. Dies ist die Farbe der menschlichen Liebe. Dieser Entwicklungsschritt beinhaltet

die Fähigkeit, Liebe zuzulassen, Liebe zu empfangen und Liebe zu verschenken.

Gold
Wenn das Herzchakra sehr weit entwickelt ist, kann man in dem Pink zusätzlich ein goldenes Licht erkennen. Dies ist die Farbe der göttlichen Liebe, die in den Herzen aller Menschen wohnt und darauf wartet, entdeckt, entwickelt und gelebt zu werden.

Aura: steht in Verbindung mit dem Astralkörper

Zugeordnete geistige und emotionale Eigenschaften:

- alle Themen, die zu den emotionalen und mentalen Polaritäten gehören, so z. B. die Fähigkeit zu Liebe und Hass, Freude und Wut, Lebensfreude und Depression usw.
- Vergebung
- Empathie
- Bindungsfähigkeit in einer Partnerschaft
- die Zentriertheit in sich selbst
- Hoffnung

Enthaltenes Glaubensmuster: Alle Glaubensmuster, die mit den Gedanken und Emotionen, die wir über die Polaritäten und alle Zwischenstufen von Liebe und Angst haben, verbunden sind, z. B. Liebe, Freundschaft, Eifersucht, Wut, Rache usw.

Gedankenformen: Im Herzen wird durch Liebe erschaffen und durch Hass zerstört. Hier entspringen alle

Gedankenformen, die mit Liebe im positiven wie auch im negativen Sinne zusammenhängen.

Spirituelle Herausforderung: Alle spirituellen Lektionen, die damit zu tun haben, bewusste Liebe, »bedingungslose Liebe« zu erlernen. Es geht darum, die Werte von Empathie und Vergebung und die Bedeutung von Liebe auf allen Ebenen des Möglichen zu entdecken und zu erlernen.

Die Energie, die unser viertes Chakra durchfließt, ist das Bindeglied zwischen den drei unteren und den drei oberen Chakren. Diese Energie bringt uns mit den verschiedenen Facetten der Liebe und mit unserer eigenen Innenwelt in Verbindung.

Zeichen des Ungleichgewichts im vierten Chakra:

- die Unfähigkeit, sich selbst zu lieben
- selbstsüchtige Liebe
- besitzergreifende Liebe
- jede Form einer mangelnden Liebe
- Verbitterung
- Eifersucht
- nicht vergeben können
- mangelnde Liebe zum Leben
- mangelnde Liebe zur Natur
- mangelnde Liebe zur gelebten Spiritualität

Fünftes Chakra: Kehlchakra/Halschakra, »Vishuddha«

»Geläutert«
»Gehen Sie sorgfältig mit Ihren Worten um, denn Worte können die Welt verändern.«

Im Kehlchakra sitzt die Fähigkeit, Gedanken, Erkenntnisse und Gefühle in Worten auszudrücken und, wenn es notwendig ist, im rechten Moment zu schweigen. Das gesprochene Wort kann aufbauen oder zerstören, es kann heilen oder vernichten!

Lage:	Das fünfte Chakra befindet sich am Halsansatz. Es öffnet sich trichterförmig nach vorne und nach hinten.
Chakrafarbe:	Blau, Hellblau bis Silbrig-Blau
Zugeordnete Farbenergie:	Hellblau Dies ist die Farbe der Kommunikation.
Aura:	steht in Verbindung mit dem ätherischen Körper der immateriellen Ebene
Zugeordnete geistige und emotionale Eigenschaften:	⊙ Willensstärke ⊙ Wissen ⊙ hinhören, verstehen und sich mitteilen ⊙ den eigenen Traum wahrnehmen und leben ⊙ die eigene Macht schöpferisch einsetzen ⊙ die Fähigkeit, Entscheidungen zu treffen ⊙ Glauben und Wissen ⊙ persönlicher Ausdruck

Enthaltenes Glaubensmuster:	Glaubensmuster, die mit der eigenen Willenskraft verbunden sind
Gedankenformen:	Das Kehlchakra ist das energetische Zentrum der menschlichen Willenskraft. Hier entspringen alle Gedankenformen, die mit unserer Wahrheit verbunden sind.
Spirituelle Herausforderung:	Alle spirituellen Lektionen, die damit verbunden sind zu erkennen, dass unsere Willenskraft nicht daran gemessen wird, wie gut wir andere Menschen beeinflussen oder sogar manipulieren können, sondern daran, wie gut wir unsere Willenskraft beherrschen. Dazu gehören Selbstbeherrschung und Disziplin. Rechte Gedanken führen zu rechter Rede, und dies führt wiederum zu rechtem Handeln.

Die Energie, die unser fünftes Chakra durchfließt, dient dazu, in uns die Fähigkeiten der rechten Rede und der Ehrlichkeit zu entfalten.

Zeichen des Ungleichgewichts im fünften Chakra:

- negative Urteile über sich und das eigene Verhalten
- Unehrlichkeit, Lügen
- festhalten an Fehlurteilen über sich selbst und über andere

Sechstes Chakra: Stirnchakra / Drittes Auge, »Ajna«

»Das eingeschränkte Absolute«

Im Stirnchakra sitzt die Fähigkeit, zu visualisieren, mit dem Intellekt zu begreifen und sich ein eigenes Urteil zu bilden.

Lage:	Das sechste Chakra befindet sich oberhalb der Nasenwurzel zwischen den Augenbrauen. Es öffnet sich trichterförmig nach vorne und nach hinten.
Chakrafarbe:	Königsblau bis Violett
Zugeordnete Farbenergien:	Je nach Entwicklungsstand finden wir hier unterschiedliche Farbenergien, von Violett bis Königsblau sind alle Farbschattierungen möglich. Violett Dies ist die Farbe der Spiritualität, des Glaubens und des inneren Friedens. Königsblau Dies ist die Farbe der inneren Ruhe, des Schutzes und der Intuition.
Aura:	steht in Verbindung mit dem himmlischen Körper
Zugeordnete geistige und emotionale Eigenschaften:	⊙ Selbsteinschätzung ⊙ intellektuelle Fähigkeiten ⊙ die Fähigkeit, aus den Erfahrungen anderer zu lernen und diese als eigenes Spiegelbild wahrzunehmen

- angemessenes, förderliches Verhalten
- Offenheit für die Ideen und das Wesen anderer
- emotionale Intelligenz
- Urteilsfähigkeit
- bewusste Wahrnehmung
- Eigenverantwortung für unser Handeln
- Intuition

Enthaltenes Glaubensmuster:	Glaubensmuster, die durch alte Überzeugungen geprägt sind oder durch die Stolz gewachsen ist; die Fähigkeit, Urteile zu fällen – im positiven wie auch im negativen Sinne.
Gedankenformen:	Hier entspringen alle Gedankenformen durch die Kraft des Geistes. Es gilt, Überzeugungen neu zu überdenken.
Spirituelle Herausforderung:	Mit Einsicht und Intuition über das Sichtbare hinaussehen.

Die Energie, die unser sechstes Chakra durchfließt, dient der Erkenntnis, dass jeder Teil unseres Selbst wertvoll ist – für unser eigenes Leben und für das Zusammenspiel im Universum.

Zeichen des Ungleichgewichts im sechsten Chakra:

- Selbstzweifel
- sich mit anderen vergleichen
- Neid
- Feindseligkeit

- negative Beurteilung anderer
- Unausgeglichenheit
- Lernschwierigkeiten
- Konzentrationsstörung

Siebtes Chakra: Kronenchakra / Scheitelchakra, »Sahasrara«

»Das uneingeschränkte Absolute«
Über das Kronenchakra sind wir mit unserer Seele und mit der göttlichen Quelle allen Lebens verbunden.

Lage:	Das siebte Chakra liegt in der Mitte des Schädeldaches und öffnet sich trichterförmig nach oben in die Richtung des Himmels.
Chakrafarbe:	je nach Literatur Violett oder Weiß Hellsichtige beschreiben die Chakren als unterschiedlich stark ausgeprägte und unterschiedlich weit geöffnete trichterförmige Energieräder. Möglicherweise besteht hier der Unterschied der abweichenden Beschreibungen: Ist der Trichter eher geschlossen, ist die äußere Farbe »Violett« zu sehen, ist das Chakra weiter entwickelt und geöffnet, ist die innere Farbe »Weiß« zu sehen.
Zugeordnete Farbenergie:	Weiß Dies ist die Farbe der Reinheit, der allumfassenden Ruhe, der allumfassenden Sicherheit und des allumfassenden Friedens.

Aura:	steht in Verbindung mit dem Kausalkörper
Zugeordnete geistige und emotionale Eigenschaften:	⊙ Werte und Tugenden ⊙ die Fähigkeit, dem Fluss des Lebens zu vertrauen ⊙ Menschlichkeit ⊙ Selbstlosigkeit ⊙ die Fähigkeit, das ganze Bild zu erfassen und zu verstehen ⊙ spirituelles Wachstum
Enthaltenes Glaubensmuster:	Glaubensmuster, die durch Hoffnung und Glauben geprägt sind und durch die Stolz gewachsen ist; die Fähigkeit, Urteile zu fällen – im positiven wie auch im negativen Sinne.
Gedankenformen:	Hier entspringen alle Gedankenformen unseres spirituellen Bewusstseins, hier reifen die Fragen, die unseren Lebenssinn betreffen, z. B. »Was ist der tiefere Sinn des Lebens?«, »Warum bin ich hier auf Erden?«, »Was kann ich hier lernen?«
Spirituelle Herausforderung:	Sich selbst durch Gebet und andere Handlungen der spirituellen Hingabe mit der göttlichen Wahrnehmung verbinden.

Die Energie, die unser siebtes Chakra durchfließt, dient dazu, unsere Herzen vollkommen zu öffnen, alle Ängste aufzulösen und uns mit der Energie Gottes zu verbinden.

Zeichen des Ungleichgewichts im siebten Chakra:

- fehlender Glaube an die Liebe Gottes
- fehlendes Gottvertrauen
- Angst auf allen Ebenen unseres Seins, auf allen Ebenen unseres physischen Lebens, z. B Angst davor, was der morgige Tag bringen mag oder auch Angst zu sterben und bestraft zu werden usw.
- festhalten an der Vergangenheit, dadurch wird unsere Gegenwart, unser derzeitiges Leben, negativ beeinflusst (unabhängig davon, ob die Vergangenheit positiv oder negativ für uns war)
- durch das Festhalten an Vergangenem die Fülle des Augenblicks nicht erkennen können
- chronische Erschöpfungszustände
- spirituelle Depressionen

FARBE

Farbe ist Energie und sendet messbare Schwingungen aus, die über die Chakren und Auraschichten Einfluss auf den beseelten Körper nehmen können. Jede Farbnuance besitzt ihre eigene energetische Frequenz. Diese Energien können beim Menschen unterschiedliche Stimmungen und Emotionen erzeugen oder sogar die inneren Türen der Selbstheilungskräfte öffnen.
Farben wirken auf allen Ebenen unseres Seins, auf der körperlichen, der geistigen und der seelischen Ebene. Dieses Wissen setzten bereits die Heilpriester und Mönche der alten Kulturen zum Wohle ihrer Patienten ein. Schon im alten Ägypten, in China und in Griechenland gab es licht- und farbdurchflutete Heiltempel. Die Kranken wurden auf farbige Teppiche gesetzt oder gelegt, und die Krankenzimmer wurden mit farbigen Schleiern und Tüchern verhangen.

In unserer modernen Zeit nutzen wir das Wissen über die Wirkung der Farben nicht nur in der Werbung, in der Innenarchitektur und in der Schönheitsindustrie, sondern auch in einigen alternativen Heilmethoden, z. B. in der Farb- und in der Lichttherapie. Den verschiedenen Farben werden unterschiedliche Farbcharaktereigenschaften zugeordnet, die unseren menschlichen Charaktereigenschaften gleichen, und somit kann Farbe als Informationsträger über unsere Augen Einfluss nehmen auf unser Wohlbefinden.

Ein Psychic-Art-Medium nutzt u. a. die energetische Wirkung der Farben, um für seine Klienten oder auch für bestimmte Räume harmonisierende und kraftvoll unterstützende Energiebilder zu malen.

Einem Medium, dem medial arbeitenden Coach, Heiler oder Therapeuten verraten die eingesetzten oder vom Klienten intuitiv ausgewählten Farbenergien außerdem auch etwas über die individuellen Sorgen, Ängste, Charaktereigenschaften, Werte, Tugenden und die Reinheit der Gedanken dieser Persönlichkeit. Dieses Wissen ist wichtig, um die energetischen Bilder, z. B. einen Auragraphen, mithilfe der medialen Wahrnehmungssinne lesen zu können.

Farbporträts

Die Grundlage der meisten Farbporträts ist die Farbenlehre Johann Wolfgang von Goethes. Zeit seines Lebens bemühte sich Goethe intensiv um die Verbreitung und die wissenschaftliche Anerkennung seiner Farbenlehre. Seine Anschauungsweise und sein Erleben der Farben aus ganzheitlicher Sicht und aus seiner Naturbetrachtung konnten sich zu seinen Lebzeiten jedoch nicht gegen Isaac Newtons bereits etablierte Theorie des Lichtes in der Wissenschaft durchsetzen. Aus der ganzheitlichen Betrachtungsweise und dem subjektiven Empfinden seiner Beobachtungs- und Empfindungsgabe leitete Goethe die psychologischen Wirkungen der Farben auf den Menschen ab und entwickelte damit eine Art Farbenpsychologie, die heute als Grundlage der meisten Farbporträts dient.

In den unzähligen Büchern, die man heute erwerben kann, sind die Farben manchmal leicht unterschiedlich beschrieben. Deshalb entwickeln die meisten medial arbeitenden Menschen ihre eigene Farbsprache, die sie zum Lesen der Aura oder eines energetischen Bildes nutzen. Hierbei spielen u. a. die Leuchtkraft der Farben, die Kombination mit anderen Farben sowie deren Reinheit eine große Rolle.
Wenn Sie Ihre persönliche Farbsprache entwickeln möchten, dann ist es sinnvoll, sich ein eigenes Farbbuch anzulegen. Sie können sich täglich mit einer anderen Farbe und deren Wirkung beschäftigen. Kleiden Sie sich z. B. in der Farbe Rot, und fühlen Sie in sich hinein, was mit Ihnen geschieht. Wie fühlen Sie sich? Wie reagieren die Menschen um Sie? Fragen Sie Ihre beste Freundin oder Ihren besten Freund, wie Sie in dieser Farbe auf sie oder ihn wirken. Nehmen Sie eine Farbkarte zwischen Ihre Hände, und spüren Sie hinein. Wie fühlt sich die Karte an? Ist sie warm oder kalt? Macht Sie diese Farbe Sie fröhlich oder eher traurig?

Natürlich können Sie auch die klassischen Farbporträts der Farbenlehre nutzen. Sinnvoll ist es, wenn Sie sich einmal für ein bestimmtes Porträt entschieden haben, nicht hin und her zu wechseln, da es sonst zu Unsicherheiten beim Lesen der energetischen Bilder kommen kann.
Damit Sie nach dem Studium dieses Buches gleich mit dem Malen und Lesen Ihrer eigenen energetischen Bilder anfangen können, gebe ich Ihnen hier einen kleinen Einblick in die verschiedenen Farbporträts. Die Wirkungsweise der Farben auf die verschiedenen Körperregionen und Organe sowie den Einsatz der Farben in der Farbtherapie habe ich in diesen Farbbeschreibungen ausgelassen, da beim medialen Lesen der Bilder die emotionalen Aspekte wichtiger sind.

Ein kleiner Einblick in die Bedeutung der Farben:

Rot

Rot ist eine der drei Grundfarben. Die Farbe erregt Aufmerksamkeit, drückt Dynamik aus, und als Signalfarbe warnt sie uns vor drohender Gefahr. In ihrer Farbschwingung ist sie ebenso die Farbe der Liebenden wie auch die Farbe des Kriegers. Sie steht für Vitalität, Energie, Liebe und Leidenschaft, sie kann gleichfalls aggressiv und aufwühlend wirken, da sie auch Wut, Zorn und Brutalität verkörpert.

Rot ist die Farbe des Wurzelchakras. Diese Farbenergie hilft uns bei der Erdung, die jeder Einzelne benötigt, um fest im Leben zu stehen. Hier wirkt die energetische Farbschwingung des Mutes, der Kraft und der Erdung. Das Wurzelchakra ist der Sitz der lebensschaffenden und lebenserhaltenden Ur-Energie.

Farbeigenschaften

Positive Eigenschaften:
- erregt Aufmerksamkeit
- Vitalität und Energie
- Kraft
- Willenskraft
- Mut
- Liebe
- Stärke
- Führungsqualitäten
- Überlebensfarbe; warnt vor Gefahr

Negative Eigenschaften:
- Aggressivität
- Wut
- Zorn
- Hass
- Schuldgefühle
- das Verlangen zu dominieren
- Lüge

Wenn unsere Lebenskräfte geschwächt sind, können wir Rot als Antriebsenergie nutzen. Diese Farbschwingung erhöht unseren Energiepegel, unsere seelische Kraft und regt alle Vorgänge in unserem Körper an.

Wirkung:
- Lebenskraft
- Aktivität
- Fleiß
- Wärme
- Lebensenergie

Rotnuancen:	Dunkelrot – Aggressivität, Feindseligkeit Weinrot – Zorn, Hass Karminrot – Geschäftigkeit, Tatendrang Hellrot – Mut, Entschlossenheit
Volkstümliche Symbolik:	Liebe, Krieg
Esoterische Symbolik:	Liebe, Blut, Heiliger Geist
Traumsymbolik:	Die Farbe Rot betont im Traum den körperlichen Aspekt. Wichtig sind die Symbole und Bilder, die in Verbindung mit dieser Farbe auftauchen ⊙ Scharlachrot – Warnung vor Streit ⊙ Purpurrot – angenehme Neuigkeiten von unerwarteter Seite ⊙ helles Rot – Gefühlswärme und aufrichtige Zuneigung ⊙ dunkles Rot – versinnbildlicht die Energien, Antriebskräfte, Leidenschaften und Begierden, die einen Menschen antreiben
Rot in der Psychologie:	Aggression, Trieb, Körperlichkeit, Macht und Stärke

Orange

Orange ist eine Mischfarbe, die zu gleichen Teilen aus Rot und Gelb besteht. In ihrer Farbschwingung hat sie eine aufmunternde und positiv stimmende Farbenergie, die dem Mann und dem männlichen Anteil in der Frau zu mehr Durchsetzungskraft verhilft. Sie signalisiert

Aufgeschlossenheit, Kontaktfreude und Jugendlichkeit. In unserer Gesellschaft wird sie häufig als billig und unseriös empfunden, da ihre Farbschwingung ebenso Leichtlebigkeit, Aufdringlichkeit und Ausschweifung vermitteln kann.

Orange ist die Farbe des Sakralchakras, dem Sitz der Ur-Instinkte. Hier wirkt die energetische Farbschwingung der Leidenschaft, der Lust, der Heiterkeit und der Kreativität. Es ist eine anregende Farbenergie, die die Fortpflanzungsorgane aktiviert, Selbstsicherheit und Begeisterungsfähigkeit fördert und von energetischen Blockaden befreien kann.

Farbeigenschaften

Positive Eigenschaften:

- Optimismus
- Leidenschaft
- Lust
- Aufgeschlossenheit
- Kontaktfreude
- Heiterkeit
- Kreativität
- Freude
- Wohlbefinden

Negative Eigenschaften:

- Leichtlebigkeit
- Aufdringlichkeit
- Ausschweifungen
- Mangel an Pflichtbewusstsein

Diese Farbschwingung wirkt als Kraftspender bei physischer, emotionaler und seelischer Erschöpfung, also gegen melancholische und depressive Gefühle.

Wirkung:	⊙ bringt mehr Freude ⊙ schafft mehr Ehrgeiz ⊙ unterstützt Ideen und geistige Konzepte
Orangenuancen:	Rost – Umbruch, Veränderung Rotorange – Fröhlichkeit, Heiterkeit Gelborange – Anerkennung, Durchbruch Lachsrot – Begeisterung, Lust
Volkstümliche Symbolik:	Sonne, Begierde, Leidenschaft
Esoterische Symbolik:	Mitgefühl
Traumsymbolik:	Hier ist es wiederum wichtig, welche Bilder und Symbole in Verbindung mit dieser Farbe auftauchen. Orange kann einen noch unreifen Idealismus gepaart mit viel Begeisterungsfähigkeit symbolisieren, aber auch Mitgefühl, emotionale Wärme und Lebensfreude. Ein dunkles Orangerot kann auf einen zynischen, verbitterten Menschen verweisen.
Orange in der Psychologie:	Jugend, Lust, Freude, aber auch Reife, Extraversion (die seelische Einstellung eines Menschen, die durch eine Konzentration der Interessen auf äußere Objekte gekennzeichnet ist)

Gelb

Gelb ist eine der drei Grundfarben. Es ist die Farbschwingung, die uns an das »Licht« erinnert. Diese Farbenergie möchte ausströmen, sich in all ihrer Strahlkraft ausbreiten, um alles wachsen zu lassen. Sie vermittelt Licht, Heiterkeit und Freude. In seiner Farbenergie steht Gelb für Wissen, Weisheit, Vernunft und Logik, ebenso kann es negative Assoziationen wie Täuschung, Rachsucht, Pessimismus, Egoismus, Geiz und Neid vermitteln.

Gelb ist die Farbe des Solarplexus-Chakras. Hier wirkt die energetische Farbschwingung des Vertrauens, des Selbstvertrauens, der Lebensfreude, der Fröhlichkeit und des erworbenen Wissens.

Im Solarplexus-Chakra ist der Sitz der Urform der Gefühle, der Gefühle von »Gut und Böse«, von »Richtig und Falsch«. Gelb sendet uns das Signal »Achtung«, es mahnt uns, vorsichtig und achtsam zu sein.

Farbeigenschaften

Positive Eigenschaften:

- Lebensfreude
- Fröhlichkeit
- Selbstvertrauen
- Vertrauen
- erworbenes Wissen
- Weisheit
- Vernunft
- Logik
- scharfer Intellekt
- Leichtigkeit
- geistige Vitalität

Negative Charakter-eigenschaften:	⊙ Täuschung ⊙ Rachsucht ⊙ Pessimismus ⊙ Egoismus ⊙ Geiz ⊙ Neid

Die gelbe Farbenergie unterstützt die Konzentration, fördert Klarheit und mildert Ängste.

Wirkung:	⊙ Lust am Lernen und Studieren ⊙ bessere Auffassungsgabe ⊙ anregend
Gelbnuancen:	Maisgelb – frohgemut, Übermut, Lebensfreude Limonengelb – Selbstvertrauen, Würde, Stolz Sonnengelb – Strahlen, Größe, Wachstum Lichtgelb – Großherzigkeit, Großmut
Volkstümliche Symbolik:	Gott, Blitz, Sonne, Sommer; Neid und Feigheit
Esoterische Symbolik:	Geist
Traumsymbolik:	Beachten Sie auch hier wiederum, welche Bilder und Symbole in Verbindung mit dieser Farbe auftauchen. Gelb kann im Traum Lebenskraft, ein Harmoniebedürfnis und Gerechtigkeitssinn bedeuten, aber auch ein Zeichen von Neid und Missgunst sein. Als Farbe der Sonne verweist die Farbe Gelb stets auf den geistigen Aspekt des Traumsymbols.

Gelb in der Psychologie:	Distanz, Urteilskraft, Intellekt und Kommunikation. Gelb ist verbunden mit dem emotionalen Selbst.

Grün

Grün ist eine Mischfarbe. Sie wird aus den Farben Gelb und Blau gemischt. In ihrer Farbschwingung hat sie eine beruhigende Wirkung. Sie steht für Großzügigkeit, Sicherheit, Harmonie, Hoffnung und die Erneuerung des Lebens. In einer disharmonischen Farbschwingung kann sie jedoch auch Gefühle wie Neid, Gleichgültigkeit, Stagnation und Müdigkeit vermitteln. Grün symbolisiert nicht nur Fruchtbarkeit, Neubeginn und Wachstum, sondern auch Gift, Eifersucht und Unerfahrenheit.

Grün ist die Farbe des Herzchakras. Diese Farbenergie schenkt uns Heilung, inneres Gleichgewicht, Harmonie und spirituelles Wachstum. Im Herzchakra brennt die »ewige Flamme der Liebe«.

Farbeigenschaften

Positive Eigenschaften:

- Großzügigkeit
- Harmonie
- Hoffnung
- Hilfsbereitschaft
- Erneuerung
- inneres Gleichgewicht
- Wachstum
- Gelassenheit
- Beständigkeit
- Ausdauer

- Treue
- Erneuerung
- Zufriedenheit
- Neubeginn (auch Unerfahrenheit)

Negative Eigenschaften:
- Neid
- Gleichgültigkeit
- Stagnation
- Müdigkeit
- emotionale Abhängigkeit
- widersprüchliche Emotionen
- emotionaler Blutegel
- grundlose Eifersucht
- beherrschen wollen

Grün ist die vollendete Farbschwingung der Neutralität zwischen allen Extremen und kann aus diesem Grunde eine beruhigende Wirkung auf den Menschen ausüben, ohne ihn zu ermüden.

Wirkung:
- bringt mehr Gelassenheit
- Vertrauen
- Loslassen können
- beruhigend
- entspannend

Grünnuancen:
Olivgrün – Inneres, Tiefgründigkeit, Gedankentiefe
Flaschengrün – Raum, Bewegungsfreiheit
Apfelgrün – Persönlichkeit, Charakter
Lindgrün – Hoffnung, Optimismus
Mint – Makrokosmos

Volkstümliche Symbolik:	Hoffnung
Esoterische Symbolik:	Wachstum, Herzkraft, Hoffnung
Traumsymbolik:	Beziehen Sie auch hier wiederum die Bilder und Symbole in die Deutung Ihres Traumes mit ein, die in Verbindung mit dieser Farbe auftauchen. Die grüne Farbenergie gibt Auskunft über die innere Balance zwischen den Licht- und Schattenseiten des Träumers. Sie verweist auf das Unreife und Unfertige in einem Menschen oder einer Sache. Grün kann auch auf eine Reise oder auf Geschäfte mit Menschen in oder aus einer entfernten Gegend hindeuten. Ein dunkles Grün steht möglicherweise für Abneigung bis hin zu Ekel und Lebensüberdruss.
Grün in der Psychologie:	Gleichgewicht und Harmonie
Redewendungen:	»Grün hinter den Ohren sein«: noch jung und unerfahren

Rosa

Rosa ist die Farbe des Herzens.

Rosa ist eine Mischung aus Rot und Weiß. Ist das Herzchakra auf der eigenen, ganz individuellen spirituellen Reise der Selbsterkenntnis bereits weit entwickelt, kann man in der grünen Farbenergie des Herzchakras zusätzlich noch ein pinkfarbenes Licht erkennen. Dies ist das Licht der menschlichen Liebe. Diese Farbschwingung beinhaltet die Fähigkeit, Liebe zuzulassen, Liebe zu empfangen und Liebe zu verschenken.

Die rosa Farbenergie steht für Romantik, Sanftheit, Sensibilität, Zurückhaltung und Zuneigung. In ihr spiegelt sich jedoch auch ein verstärktes Schutzbedürfnis wider.

Die Farbe Magenta, oft auch als Pink bezeichnet, ist eine Mischfarbe aus Rot und Blau, die man wegen ihres Blauanteils auch unter Violett einreihen kann.
Magenta ist eine sanfte Farbschwingung, die für Idealismus, Dankbarkeit, Engagement, Ordnung und Mitgefühl steht. In disharmonischen Farbschwingungen vermittelt sie aber auch Snobismus, Arroganz und Dominanz.

Farbeigenschaften

Positive Eigenschaften:

- Liebe zulassen
- Liebe empfangen können
- Liebe geben können
- Nächstenliebe
- Idealismus
- Dankbarkeit
- Engagement
- Ordnung
- Mitgefühl
- Friedensstifter
- Versöhnung
- innere Harmonie

Negative Eigenschaften:

- Snobismus
- Arroganz
- Dominanz
- Egoismus

	⊙ übermäßige Eigenliebe ⊙ emotionale Abhängigkeit ⊙ unterwürfig
Rosanuancen:	Rosa – Liebe Magenta – Gefühle, getragen von Liebe Altrosa – Herzensenergie Lichtrosa – Güte
Volkstümliche Symbolik:	Weiblichkeit
Esoterische Symbolik:	Empathie der Engel
Traumsymbolik:	Magenta als Farbenergie verbindet das Materielle und das Spirituelle miteinander. Unter Einbeziehung der Traumbilder und Traumsymbole kann Magenta auf Erfolg hinweisen. Rosa im Traum verweist auf regressive Sehnsüchte, ebenso auf den Wunsch nach Liebe und Leidenschaft. Je nachdem, welche Bilder und Symbole die Farbe Rosa begleiten, kann diese Farbenergie im Traum auch auf den inneren Widerstand gegen die Leichtigkeit in der Liebe verweisen.
Magenta in der Psychologie:	Verzicht, Selbstlosigkeit, Perfektion, Meditation

Hellblau/Türkis (helles Cyan)

Blau fördert in all seinen Farbnuancen die weibliche Seite im Menschen, egal, ob beim Mann oder bei der Frau. Diese Farbenergie kanalisiert die überschießenden männlichen Kräfte und hilft uns dabei gleichzeitig, unsere Wünsche zum Ausdruck zu bringen.

Cyan liegt in seiner Farbschwingung am Übergang zwischen Blau und Grün; in der Umgangssprache wird diese Farbe auch Türkis genannt. In ihrer Farbenergie vermittelt sie Wachheit, Bewusstheit, Klarheit, geistige Offenheit und Freiheit. Ebenso kann sie aber auch sehr kühl und distanziert wirken und ein Gefühl von Leere vermitteln.

Hellblau versinnbildlicht die Weite des Horizonts und ist die Farbe unseres Kehlchakras (Halschakra). Hier wirkt die energetische Farbschwingung auf unsere Kommunikation. Im Kehlchakra sitzt die Fähigkeit, Gedanken, Erkenntnisse und Gefühle in Worten auszudrücken – und, wenn es notwendig ist, im rechten Moment zu schweigen. Das gesprochene Wort kann aufbauen oder zerstören, es kann heilen oder vernichten.

Farbeigenschaften

Positive Eigenschaften:

- vermittelt Wachheit
- Bewusstheit
- Klarheit
- geistige Offenheit
- geistige Freiheit
- Kommunikation
- Ruhe
- symbolisiert die Unendlichkeit

Negative Eigenschaften:

- wirkt kühl
- distanziert
- vermittelt ein Gefühl der Leere und des Verlassenseins (Einsamkeit)

Weitere Beschreibung über Symbolik, Blau in der Psychologie und Redewendungen s. Farbe Dunkelblau.

Dunkelblau/Königsblau

Diese blaue Farbschwingung verbindet uns mit der Weite des Sommerhimmels und mit der unergründlichen Tiefe des Meeres. Sie steht für Ruhe, Vertrauen, Pflichttreue, Schönheit und Sehnsucht. In disharmonischen Farbschwingungen kann sie aber auch Traumtänzerei, Nachlässigkeit oder Melancholie vermitteln.

Königsblau ist die Farbschwingung des Schutzes und der Intuition. Sie schenkt innere Ruhe und vermittelt ein Gefühl von Geborgenheit. Madonnen werden gerne mit einem königsblauen Umhang dargestellt, der Schutz und Geborgenheit vermittelt.

In Indien werden verschiedene Gottheiten mit blauem Kopf oder mit blauer Hautfarbe dargestellt. Ein blau dargestellter Elefant gilt als höchste Vergeistigung.

Dunkles Blau signalisiert Ruhe und hilft uns dabei, nach innen zu schauen, uns zurückzuziehen, um zu neuen Kräften zu kommen. Blau im Allgemeinen ist auch die Farbe der Melancholie.

Farbeigenschaften

Positive Eigenschaften:

- Ruhe
- Intuition
- Pflichttreue
- Schutz
- Schönheit
- Sehnsucht
- verstehen wollen
- Forscherdrang
- Loyalität

- Kontaktfreude
- tiefes Interesse
- Selbstausdruck
- Verlässlichkeit
- Wahrheit
- Wissenschaft und Entwicklung
- steht in Beziehung zum Unterbewusstsein

Negative Eigenschaften:

- Traumtänzerei
- Nachlässigkeit
- Melancholie
- Neugierde
- Kaltherzigkeit
- Starrheit

Blau wirkt beruhigend und entspannend. Diese Farbenergie löst Verkrampfungen, Stress und Hektik auf und weist uns einen Weg zu innerem und äußerem Frieden.

Wirkung:

- beruhigend
- schmerzstillend
- kühlend
- Schlaf fördernd

Blaunuancen: Eisblau – Facettenreichtum
Himmelblau – Weite, Endlosigkeit
Kornblumenblau – Auffassungsgabe, Intellekt
Royalblau – innere Ruhe, Stille

Volkstümliche Symbolik: Treue

Esoterische Symbolik: Himmelsboten

Traumsymbolik:	Beachten Sie auch hier wiederum, welche Bilder und Symbole in Verbindung mit der Farbe auftauchen. Als Farbe des Himmels und der Weite symbolisiert die Farbe Blau stets die seelisch-emotionalen Aspekte der Traumsymbole. Sie kann ebenso auf den notwendigen Rückzug mit Innenschau verweisen wie auf den introvertierten Träumer. Die positiven Traumaspekte stellen sich in der Religiosität, den geistigen Zielen und der persönlichen Reife dar. Die negativen Aspekte in Ängsten und Verwirrung. In der Traumsymbolik steht die Farbe Blau für Treue, Schutz und die weibliche Seite des Träumers.
Blau in der Psychologie:	Empathie, Entspannung, Schlaf und Friedfertigkeit

Violett

Violett ist eine Mischfarbe aus Blau und Rot, die Verbindung zwischen Körper und Seele. In ihrer Farbschwingung verbindet sie uns mit der höchsten Form der Spiritualität. Die violette Farbenergie unterstützt die Menschen in der Kommunikation mit dem Unterbewusstsein, sowohl in der Meditation als auch im Traum. Sie öffnet das Bewusstsein für feinstoffliche / mediale Erfahrungen und fördert den Schwingungsaustausch zwischen unseren beiden Gehirnhälften.

Violett ist eine würdevolle Farbe. Sie ist die Farbe der Inspiration, der Mystik, der Magie und der Kunst. Als Farbe der Magie findet sie ihren Einsatz in vielen Zeremonien und Ritualen. In ihrer Farbschwingung wird sie auch mit Frömmigkeit, Buße und Opferbereitschaft in Verbindung gebracht, gleichfalls kann sie aber auch stolz und arrogant oder unmoralisch wirken.

Violett ist die Farbe des Stirnchakras (Drittes Auge). Hier wirkt die energetische Farbschwingung der Spiritualität, des Glaubens und der Gerechtigkeit. Im Stirnchakra sitzt die Fähigkeit, zu visualisieren, mit dem Intellekt zu begreifen und sich ein eigenes Urteil zu bilden.

Farbeigenschaften

Positive Eigenschaften:

- Inspiration
- Spiritualität
- innerer Friede
- Frömmigkeit
- Glaube
- Bußbereitschaft
- Opferbereitschaft
- Konzentration

Negative Eigenschaften:

- Stolz
- Arroganz
- unmoralisch
- Traumtänzerei
- Illusionen

Die violette Farbenergie besitzt eine starke, energetisch umwandelnde Wirkung und kann somit dabei behilflich sein, leidvolle Erfahrungen in spirituelles Wachstum zu transformieren.

Wirkung:

- bringt mehr inneren Frieden
- seelisch anregend

- beeinflusst die Sinne
- verstärkt die Meditation

Violettnuancen:	Violett – Spiritualität, Gläubigkeit Lila – Traum, Wunschtraum, Selbsttäuschung Flieder – Geist, Intellekt, Scharfsinn, sehr helles Lila – Auffassung, Gedanken, Betrachtungsweise
Volkstümliche Symbolik:	Geistlichkeit; in seinem dunkelsten Ton bedeutet Violett »Tod«.
Esoterische Symbolik:	Transzendenz, Buße, Selbstbesinnung
Traumsymbolik:	Unter Berücksichtigung der Bilder und Symbole des jeweiligen Traumes kann Violett auf den Wunsch nach spiritueller Führung, innerer Harmonie und Selbsterkenntnis verweisen.
Violett in der Psychologie:	Ambivalenz, Würde, Respekt; Streben nach Höherem

Weiß

Physikalisch gesehen ist Weiß die Summe aller Farben. Weiß reflektiert sämtliche Lichtfrequenzen. Im Sonnenlicht sind alle Farbschwingungen und demzufolge alle Farben enthalten.

Weiß steht in seiner Farbschwingung für Reinheit, Klarheit, Erhabenheit und Unschuld.
Ebenso kann es aber auch Unnahbarkeit, Empfindsamkeit und kühle Reserviertheit ausdrücken.

Weiß ist die Farbe des Kronenchakras und wirkt hier in seiner Farbschwingung als energetische Schwingung der höchsten Inspiration. Über das Kronenchakra sind wir mit unserer Seele und mit der göttlichen Quelle allen Lebens verbunden.

Farbeigenschaften

Positive Eigenschaften:	⊙ Reinheit ⊙ Klarheit ⊙ Unschuld ⊙ allumfassende Ruhe ⊙ allumfassende Sicherheit ⊙ allumfassender Friede ⊙ Erhabenheit ⊙ Klärung ⊙ Perfektion ⊙ höchste Inspiration
Negative Eigenschaften:	⊙ Unnahbarkeit ⊙ übermäßige Empfindsamkeit ⊙ kühle Reserviertheit ⊙ Unvollendetes ⊙ Stagnation ⊙ Einsamkeit
Volkstümliche Symbolik:	Jungfrau, kindliche Unschuld, Reinheit
Esoterische Symbolik:	Ausstrahlung Gottes, höchste Spiritualität
Traumsymbolik:	Beachten Sie auch hier wiederum, welche Bilder und Symbole die Farbe Weiß begleiten.

	Weiß kann auf die Integration der inneren Gegensätze verweisen, aber auch auf Macht und den Widerschein des »Absoluten«.
Weiß in der Psychologie:	Unschuld, Weisheit, spirituelle Reinheit

Grau

Grau ist eine Mischung aus Weiß und Schwarz. In seiner Farbschwingung kann es elegant, autoritär, aber auch distanzierend und langweilig wirken. Es ist die Farbe vollkommener Neutralität, der Vorsicht, Zurückhaltung und Kompromissbereitschaft. Diese Farbenergie ist eine unauffällige Farbe, die auch auf Langeweile, Eintönigkeit, Unsicherheit und Lebensangst hinweisen kann.

Farbeigenschaften

Positive Eigenschaften:

- Neutralität
- Zurückhaltung
- Kompromissbereitschaft

Negative Eigenschaften:

- Langeweile
- Eintönigkeit
- Unsicherheit
- Lebensangst
- Verschleierung
- Tarnung
- Passivität

Graunuancen: Anthrazit – Erstarrung, Bewegungslosigkeit, Stillstand

	Mausgrau – Ehre, Würde (graue Eminenz) Silbergrau – Sehnsucht
Volkstümliche Symbolik:	graue Maus
Esoterische Symbolik:	Niedergeschlagenheit, Blockade
Traumsymbolik:	Schauen Sie auch hier nach den Bildern und Symbolen, die die Farbe Grau im Traum begleiten. Grau kann auf Verschleierung hinweisen, auf die Schatten, die in unserem Unterbewusstsein versteckt sind.
Grau in der Psychologie:	Demut, Fürsorge

Braun

Diese Farbschwingung verbindet uns mit der Erde, sie schenkt Gemütlichkeit und Bodenständigkeit. Ebenso ist Braun die Farbenergie der Buße, der Unberührbaren und der Armut.

Farbeigenschaften

Positive Eigenschaften:

- Erdung
- Demut
- Bodenständigkeit
- Geborgenheit
- Sicherheit
- Zuverlässigkeit
- Vernunft

	⊙ Vielseitigkeit ⊙ humorvoll
Negative Eigenschaften:	⊙ alles festhalten wollen ⊙ Skeptiker ⊙ ablehnend gegenüber Neuem ⊙ Unordnung ⊙ Überlastung ⊙ Mangel an Begeisterung ⊙ Reizbarkeit
Braunnuancen:	Dunkelbraun – Materie Milchkaffee – Geborgenheit, Sicherheit Ocker – Ausgewogenheit, Reife Beige – Zuversicht, Vertrauen
Volkstümliche Symbolik:	Erde, Acker
Esoterische Symbolik:	Erdung
Traumsymbolik:	Im Traum verweist diese Farbe auf Erdung und Erdverbundenheit.
Braun in der Psychologie:	Engagement

Schwarz

Schwarz absorbiert sämtliche Lichtfrequenzen. Es ist die Farbe der Dunkelheit bzw. der Lichtlosigkeit. In seiner Farbschwingung ist es ein Ausdruck von Würde und Ansehen und hat einen besonders feierlichen Charakter.

Hat diese Farbe eine disharmonische Schwingung, so steht sie für das Furchterregende und das Geheimnisumwitterte. Gleichfalls ist sie die Farbe der Trauer, der Unergründlichkeit und der Unabänderlichkeit.

Farbeigenschaften

Positive Eigenschaften:	⊙ Würde ⊙ Ansehen ⊙ Schutz
Negative Eigenschaften:	⊙ Angst ⊙ schwerste Depressionen ⊙ Schmerz ⊙ das Furchterregende ⊙ wenn man sich in der Trauer verliert
Neutrale Eigenschaften:	⊙ Trauer ⊙ Unabänderlichkeit ⊙ Unergründlichkeit ⊙ das Geheimnisumwitterte
Volkstümliche Symbolik:	Tod, Trauer
Esoterische Symbolik:	Materie, Teufel, Finsternis
Traumsymbolik:	Im Traum verweist Schwarz oft auf die dunklen und unbewussten Persönlichkeitsaspekte des Träumers. In Verbindung mit den Traumbildern und Symbolen kann es ein Hinweis darauf sein, wo unsere Ängste ihren Ursprung haben.
Schwarz in der Psychologie:	Angst, Schatten, Unbewusstes

Gold

Die Farbenergie Gold wirkt vornehm und edel. In Verbindung mit dem Metall »Gold« steht sie für Macht und Reichtum. Gold wird gleichfalls mit Sonne, Wärme, Reichtum und Verständnis in Verbindung gebracht. In ihrer Farbschwingung ist dies die Farbe der Weisheit, Klarheit, Lebenskraft und der Inspiration. Diese Farbenergie steigert den Selbstwert und hilft bei Angst, Unsicherheit und Gleichgültigkeit.
In einer disharmonischen Farbschwingung steht Gold für die Sehnsucht nach materiellem Reichtum und birgt die Gefahr in sich, das eigene Glück vom Materiellen abhängig zu machen.
Im esoterischen Bereich vertritt Gold den höchsten Punkt der spirituellen Entwicklung.

Wenn das Herzchakra sehr weit entwickelt ist, kann man in dem grün- und pinkfarbenen Licht des geöffneten Herzchakras auch noch ein goldenes Licht erkennen. Dies ist die energetische Farbschwingung der göttlichen Liebe, die in allen Menschen wohnt und darauf wartet, entdeckt, entwickelt und gelebt zu werden.

Farbeigenschaften

Positive Eigenschaften:
- spiritueller Reichtum
- Weisheit
- Klarheit
- Lebenskraft
- Selbstwert
- Verständnis

Negative Eigenschaften:
- Gier
- Machtmissbrauch

	⊙ materielle Abhängigkeit ⊙ Geiz
Volkstümliche Symbolik:	Reichtum, Glück, Treue
Esoterische Symbolik:	Gott
Traumsymbolik:	Im Traum verweist die Farbe Gold auf die besten und wertvollsten Aspekte der Persönlichkeit. Sehen Sie die Farbe auch in Bezug auf Ihre Traumbilder und Symbole. Finden Sie in Ihrem Traum »Gold«, so bedeutet dies, dass Sie Merkmale dieser Energie und des Metalls in sich selbst entdecken können.
Gold in der Psychologie:	Kostbarkeit, Ganzheit, Vollständigkeit

Silber

Silber repräsentiert in seiner Farbschwingung die Energie der übersinnlichen Fähigkeiten. Es unterstützt die Entwicklung von medialen Talenten und lehrt uns den sicheren Umgang mit Visionen.

In der Magie kommt diese Farbenergie bei Ritualen zum Einsatz, welche negative Kräfte beseitigen und Stabilität fördern sollen.

Farbeigenschaften

Positive Eigenschaften:	⊙ Schutz vor negativen Energien ⊙ Entwicklung medialer Fähigkeiten ⊙ Reinigung

	⊙ Stabilität ⊙ fließende Gefühle
Negative Eigenschaften:	⊙ Verrat ⊙ unbedachtes Reden ⊙ Geschwätzigkeit ⊙ Redseligkeit ⊙ Lüge
Volkstümliche Symbolik:	kleiner Gewinn
Esoterische Symbolik:	Mond
Traumsymbolik:	Im Traum kann Silber auf Unmut und Krankheit durch Unterdrückung der eigenen medialen Fähigkeiten hinweisen. Beziehen Sie auch hier wiederum alle Bilder und Symbole mit ein, die diese Farbe begleiten. Diese Farbenergie kann ebenso ein Hinweis darauf sein, dass es zu einer Verwirrung kommt, die von außen, durch eine andere Person in Gang gesetzt wird.
Silber in der Psychologie:	kühl, distanziert

Intuitive Farbporträts

An dieser Stelle möchte ich Ihnen noch einen kleinen Einblick in verschiedene intuitive Farbporträts geben, wie ich sie während meiner Ausbildung vermittelt bekam.

Rot – Farbe der Emotionen von Liebe bis Zorn
Positive Eigenschaften: Mitgefühl, Freude, Liebe
Negative Eigenschaften: Frustration, Wut, Zorn, Hass

Orange – Energie; besteht zu einem Teil aus Rot und einem Teil aus Gelb – beachte, wie das Mischungsverhältnis ist.
Positive Eigenschaften: Mut, Vertrauen, Wärme
Negative Eigenschaften: Unbehagen, Verwirrung, Ruhelosigkeit

Gelb – Intellekt, Verstand
Positive Eigenschaften: Durchsetzungsvermögen, Lernen, Erziehung, Stärke, Willenskraft
Negative Eigenschaften: Nervosität bis hin zu destruktiver Angst

Grün – ausgleichende Farbe
Positive Eigenschaften: spirituelles Wachstum, Balance, Freundlichkeit, innerer Frieden, geistiger Frieden
Negative Eigenschaften: Schwäche, Neid und Eifersucht (das wollen, was andere haben, aber nicht bereit sein, etwas dafür zu leisten)

Türkis – hat, wie die Farbe Blau, einen Bezug zum Kehlchakra.
Positive Eigenschaften: Heilung, Ruhe, Sanftheit
Negative Eigenschaften: Kühle, Leere, introvertiert, gerne alleine sein

Indigo – hat, wie die Farbe Violett, einen Bezug zum Stirnchakra.
Positive Eigenschaften: Sicherheit, Freiheit, Hellsichtigkeit, Intuition, Inspiration
Negative Eigenschaften: Unsicherheit, Verwirrung, mentale Probleme, Depression

Blau – sehr spirituelle Farbe
Positive Eigenschaften: Hingabe, Heilung, Kommunikation
Negative Eigenschaften: Geschwätzigkeit, manipulativ

Dunkelblau – Perfektion

Violett
Positive Eigenschaften: Selbstvertrauen, Selbstsicherheit, Suche nach Spiritualität, Suche nach Wahrheit und Weisheit
Negative Eigenschaften: Verwirrung, Stress, Anspannung, Egoismus

Purpur – spiritueller Führer

Pink – universelle Liebe, die unbegrenzte Liebe des Universums

Rotbraun / Maron – Erdung, spirituelles Gleichgewicht
Positive Eigenschaften: Wandlung, Demut
Negative Eigenschaften: wenn Suchende den Boden unter den Füßen verlieren und nur noch in anderen Sphären schweben

Weiß – enthält alle Farben und strahlt sie wieder ab; Spiritualität

Schwarz – enthält ebenfalls alle Farben, bindet sie aber in sich; Probleme

Mögliche Deutungen verschiedener Farbkombinationen

Es gibt unterschiedliche Techniken, die energetischen Bilder zu lesen. Diese sind abhängig von der »Absicht«, mit der ein Bild gemalt wurde. Die Auragraphie kann z. B. dazu genutzt werden, einen Blick auf die Vergangenheit, Gegenwart und Zukunft zu werfen, um Lernaufgaben zu enthüllen und gegebenenfalls Lösungswege aufzuzeigen. Bei den Energiebildern geht es darum, die innewohnenden Stärken sichtbar zu machen, zu kräftigen und zu ankern.
Wichtig ist, dass Sie beim Lesen der Aura oder eines medialen Bildes alle Aspekte der Malerei (Farbkombinationen, Symbole usw.) mit einbeziehen.

Einige Beispiele, um die verschiedenen Farben zu verbinden und als Momentaufnahme in der Aura oder der Auragraphie zu lesen.

Beispiel 1

In der Aura oder auf der Auragraphie sind schwarze Punkte sichtbar.

- Wie viele Punkte sind sichtbar?
- Je mehr Punkte, desto größer die Problematik.
- Schauen Sie sich die Farben an, die sich unmittelbar um die Punkte herum befinden.
- Dunkle Punkte, die von der Farbe Gelb umgeben sind, können auf intellektuelle Probleme hinweisen.
- Dunkle Punkte und die Farbe Grün können gesundheitliche Probleme aufzeigen.

Beispiel 2

Ist in der Farbe Orange sehr viel Gelb enthalten und ist sie mit der Farbe Maron kombiniert, dann kann es sich um eine Situation handeln, in der Neid und Missgunst im Vordergrund stehen.

Beispiel 3

Die Farbkombination Braun mit Grün kann bedeuten, dass sich dieser Mensch Zeit für sein spirituelles Wachstum nimmt.

Beispiel 4

Die Farbkombination Grün und Blau mit Orange zeigt, dass jemand praktische Erfahrungen auf dem Gebiet des Heilens hat. Ohne die Farbe Orange kann es bedeuten, dass diese Person heilen möchte, es fehlt jedoch die nötige Motivation.

Beispiel 5

Die Farbe Weiß am äußersten Rand der Aura ist ein Hinweis darauf, dass dieser Mensch sich nun bewusst auf seiner spirituellen Reise der Selbsterkenntnis befindet.

SYMBOLE

»Ein Bild sagt mehr als tausend Worte …«

Überall in unserer Gesellschaft können wir Bildsymbole erkennen, die hauptsächlich verwendet werden, um von allen Menschen sofort verstanden zu werden, weil sie eine Kurzform für Begriffe darstellen, die sonst erst umständlich durch Worte erläutert werden müssten. Durch ein Bildsymbol kann selbst ein Mensch, der die Landessprache nicht beherrscht, die Botschaften verstehen.

Wenn ein Symbol eine öffentliche Bedeutung hat und der Orientierung vieler Menschen dient, dann ist das Bild sofort ganz offensichtlich, weil es für jedermann erkennbar sein muss, z. B.

Meist wird ein Piktogramm benutzt, ein Bildsymbol, das einen bestimmten Gegenstand oder Sachverhalt vereinfacht und allgemein verständlich grafisch darstellt.

Neben den vielen allgemein gültigen Symbolen, die der Orientierung dienen, gibt es auch die ganz persönlichen und individuellen Sinnbilder, die durch unser persönliches Erleben geprägt sind. Zusätzlich zu diesen existieren noch die unbewussten Weltensymbole, deren Bedeutung durch die Weltseele in unserem Unterbewusstsein verankert ist. Auch wenn uns dies nicht bewusst ist, die Seele eines jeden Menschen versteht diese Seelenbilder.

Symbole sind visuelle und energetische Schlüssel, mit denen man die Energie eines Wortes oder einer feinstofflichen Kraft für sich zugänglich machen kann. Seit Urzeiten machten sich Eingeweihte und Wissende die Wirkung von Sinnbildern zunutze, indem sie gezielt mit diesen Zeichen arbeiteten, um deren Energie für sich wirken zu lassen. So wurden und werden auch heute noch in der Magie z. B. verschiedene Zeichen angewendet, um die ihnen innewohnende Kraft auf einen Talisman oder ein Amulett zu übertragen. Die energetische Kraft des Symbols wird dabei angerufen, visualisiert und abgebildet. Durch den Glauben, die Gedankenkraft, die sich in dem jeweiligen ganz individuellen Ritual widerspiegelt, werden die Bildzeichen aktiviert. Diese Sinnbilder sollten nie zum Nachteil anderer Menschen eingesetzt werden, denn die Liebe kennt keine Feinde, sondern liebt alle und alles!

Beim Malen eines energetischen Bildes werden meist auch Symbole verwendet. Sie werden bewusst eingesetzt, um die Kraft eines bestimmten Bildzeichens zu nutzen, z. B. um ein kraftspendendes Seelenbild zu malen. Bei diesem Bild werden die dem Klienten innewohnenden Stärken und Potenziale sichtbar gemacht und mit positiven Affirmationen gefestigt.

Zu dem Thema »Symbole« gibt es ebenso viele Bücher wie über das Thema »Farbe«. Auch hier gilt daher wiederum: Sie können entweder

Ihre eigene Symbolsprache entwickeln oder sich ein Symbolbuch Ihrer Wahl kaufen, um mit diesem zu arbeiten.

Wenn Sie Ihr eigenes Nachschlagewerk erschaffen möchten, dann schauen Sie sich z. B. jeden Tag ein Symbol an. Schreiben Sie in Ihr persönliches Buch, was dieses Zeichen Ihnen sagt. Fühlen Sie hinein, oder meditieren Sie über den Begriff. Schauen Sie, was er in Ihnen auslöst.

Beispiel und mögliche Deutungen

Garnrolle

In diesem Beispiel steht die Garnrolle symbolisch für eine Aufgabe.

- Ist eine Nadel bei der Garnrolle? – Eine neue Aufgabe steht an.
- Wird das Garn gerade eingefädelt? – Etwas Neues beginnt gerade.
- Wie viel Garn ist auf der Rolle? – Diese Aufgabe oder Situation nimmt noch eine Weile in Anspruch.
- Wird der Faden mittendrin abgerissen? – Die Person hat die Aufgabe abgebrochen.
- Das Garn wird aus der Nadel genommen. – Die Aufgabe wurde beendet.

Wenn auf Ihren energetischen Bildern oft Tiere sichtbar werden, dann ist es sinnvoll, sich mit den Krafttieren zu beschäftigen. Sie zeigen uns eine andere Möglichkeit, die Zeichnungen zu deuten. Krafttiere und Totemtiere werden in allen schamanischen Kulturen die Geistwesen in Tierform genannt. Sie sind im Schamanismus die spirituellen Wegbegleiter der Menschen. Das Krafttier, auch Helfertier genannt, ist ein geistiger Begleiter, der dem Menschen zur Seite steht, ihn schützt und ihn durch verschiedene Lebensabschnitte führt. Das Krafttier kann wechseln oder den Menschen auch ein Leben lang begleiten. Das Totemtier, auch Seelentier genannt, ist das Geburtstier des Menschen, sein ständiger Begleiter seit seiner Geburt. Es repräsentiert einen persönlichen Seelenanteil des Menschen und ist ihm in seinem Wesen und Äußeren sehr ähnlich.

Bevor wir uns dem Thema des medialen Malens widmen, stelle ich Ihnen vorab ein paar der bekanntesten Symbole vor, deren Deutungen Ihnen beim Lesen Ihrer medialen Bilder eine wertvolle Hilfestellung sein können.

Adler

Der Adler symbolisiert Unsterblichkeit, Mut, Weitblick und Kraft. Als König der Lüfte gilt er als Bote der höchsten Götter. Nach altem Glauben blickt er beim Auffliegen direkt in die Sonne, weshalb er auch ein Sinnbild für den Aufstieg in den Himmel und die Erlösung der Seele ist.

Der Adler steht für Macht, Stolz und Würde. Mit seinen sprichwörtlich »scharfen Augen« sieht er alles.

Psychologie:	Nach C. G. Jung steht der Adler für die Transformierung zum Geistigen hin.
Keltentum:	Als »König der Lüfte« verkörpert er Kraft, Weisheit, königliche Würde und gilt als Begleiter der Seele in die Anderswelt.
Esoterik:	Hier bedeutet er Neugeburt, Freiheit, spirituelle Erkenntnis, und er steht für das Symbol Wasser.
Krafttier:	geistige Erleuchtung, Heilung und Schöpfung
Christentum:	Der Adler gilt als Symbol für die Himmelfahrt Christi und als Heiligenattribut des Evangelisten Johannes.

Anch/Ankh

(Henkelkreuz oder Lebensschlüssel)
Das Ankh sieht aus wie ein T mit einer Schlaufe über dem Querbalken (Hieroglyphe für »Leben«).

Im Alten Ägypten galt das Ankh als Zeichen des Lebens und des Atems. Es repräsentierte das »lebendige« und »ewige Leben« – nicht nur in der materiellen Welt, sondern auch im spirituellen Leben danach. Wurde als Schutzamulett getragen, um zerstörerische und lebensbedrohende Kräfte abzuhalten.

Esoterik: Unsterblichkeit
Symbol der erneuernden und heilenden Kraft des Lebens

Auge

Von einem Strahlenkranz umgeben und meist von einem Dreieck umschlossen symbolisiert es das alle Geheimnisse durchdringende, allsehende Auge Gottes.
Als Instrument des seelisch-geistigen Ausdrucks symbolisiert das Auge die geistige Innenschau und den Spiegel der Seele. Das rechte Auge steht für Aktivität und die Zukunft. Das linke Auge steht dagegen für Passivität und die Vergangenheit.

Spiegel der Seele, Wachsamkeit, Allwissenheit

Psychologie: Nach C. G. Jung ist das Auge das archetypische Symbol für das »Selbst«.

Esoterik: Drittes Auge, Hellsehen

Christentum:	Im Dreieck dargestellt verweist es auf die Dreieinigkeit Gottes.
Ägypten:	Das Udjat-Auge, »Auge des Horus«, gilt, als Amulett getragen, als Schutz vor dem bösen Blick. Es symbolisiert daneben Gesundheit, Integrität und Wohlstand.

Buch

Ein Buch ist eine Sammlung von bedruckten, beschriebenen, bemalten oder auch leeren Blättern aus Papier oder anderen Materialien. Es wird oft als »Buch des Lebens« gedeutet.

Belesenheit, Klugheit

Esoterik:	Weisheit und Wissen, spirituelle Bewusstheit Ein Buch mit weißen bzw. unbeschriebenen Seiten steht für Weisheit und Unschuld (»unbeschriebenes Blatt«).

Dreieck

Das Dreieck ist das Symbol der dreifaltigen Natur des Universums:

- Himmel, Erde, Mensch
- Vater, Mutter, Kind
- Körper, Seele, Geist

und Ähnliches.

Ein nach oben spitz zulaufendes Dreieck symbolisiert in fast allen Kulturen den männlichen Archetyp, während das nach unten spitz zulaufende Dreieck das Weibliche versinnbildlicht.

Körper, Geist und Seele (der Mensch), die Integration von Gegensätzen

Esoterik:	Spitze des Dreiecks nach oben: Symbol für Gott. Spitze nach unten: Symbol für Göttin. In der Esoterik symbolisiert das nach oben gerichtete Dreieck die Christus-Energie.
Christentum:	Das Dreieck ist ein Symbol für die »Dreieinigkeit Gottes«.

Ei

Das kosmische Ei, aus dem alles hervorgeht.
Als Wiedergeburtssymbol versinnbildlicht das Ei den »Anfang«.
Das Ei ist ein uraltes Symbol der Menschheit und steht für ein nicht verwirklichtes Potenzial oder auch für zukünftige Chancen.

Zeichen des Neubeginns, aber auch das Zerbrechliche, das Gefährdete und die Gleichheit

Psychologie:	Im Ei sind alle Anlagen und Informationen gespeichert. Es versinnbildlicht die Kraft des Selbst.
Keltentum:	In der keltischen Symbolik versinnbildlicht das Ei die Fruchtbarkeitsgöttin Ostara (Astarte) und steht für Fruchtbarkeit, Neubeginn, Schöpfung und Heilung.
Esoterik:	Die Eiform der Aura symbolisiert das Leben. Das geflügelte Ei steht für Erneuerung im Geiste. Das Ei mit einer Schlange (Welten-Ei) versinnbildlicht Fruchtbarkeit und die schöpferischen Kräfte des Kosmos. Das Ei ohne Schlange symbolisiert Fruchtbarkeit, Vermehrung und die Erneuerung des Menschen.

Ägypten: Im Alten Ägypten spielt das »Ei« in den Schöpfungsmythen eine bedeutende Rolle. Aus dem »Ur-Ei« wurde die Welt erschaffen, denn der erste Gott ist aus dem Ei hervorgegangen.

Feder

Leichtigkeit, Sanftheit

Psychologie: Sehnsucht, sich sanft fallen zu lassen

Esoterik: Verbindung zu himmlischen Kräften, Zeichen der Engel

Ägypten: Die Feder der Maat symbolisiert Gerechtigkeit, Ordnung und Wahrheit.

Krafttier: Federn stehen hier für verschiedene Aufgaben, z. B.

- eine zu entwickelnde Eigenschaft
- Begeisterung im eigenen Leben zu entfalten

Fenster

Fenster verweisen primär auf die eigenen Augen und auf die seelische Verbindung von Eigenem und Fremdem. Das Fenster deutet ferner auf das Licht des menschlichen Bewusstseins und auf Ihre Wahrnehmung hin.

Innen- und Außenschau des Menschen (wie innen, so außen)

Psychologie: Fenster versinnbildlichen das Licht unseres Bewusstseins und verweisen auf unsere Wahrnehmung.

Esoterik: Einlass von Licht, Öffnung nach außen, Symbol für die Augen

Feuer

Feuer ist eines der vier Elemente: Feuer, Wasser, Luft und Erde. Das Licht des Feuers steht für Umwandlung, Reinigung, Macht und Erkennen. Die Hitze der Feuerflammen symbolisiert ebenso Zerstörung und Leidenschaft.

Geborgenheit (Herdfeuer), Zerstörung und Pein, Reinigung und Läuterung

Psychologie: Nach C. G. Jung symbolisiert das Feuer die Intuition.

Esoterik: Lebenskraft, Transformation

Fisch

Der Fisch ist in vielen Völkern das Symbol für Wasser, Leben und Fruchtbarkeit.

Seele, Unbewusstes

Psychologie: Nach C. G. Jung symbolisieren Fische die Gedanken und Ahnungen, die aus dem Unterbewusstsein nach oben steigen.

Esoterik: die Gesamtheit des Menschen, das Unterbewusstsein mit einbeziehend
In Verbindung mit Wasser steht der Fisch für die Seele und das Unterbewusstsein.

Krafttier: das Schwimmen mit dem Strom, Ausgeglichenheit

Christentum: Der Fisch wurde als unauffälliges christliches Erkennungszeichen (Geheimzeichen) verwendet. Das griechische Wort für Fisch (Ichthys) enthält ein kurz gefasstes Glaubensbekenntnis.

Flügel

Flügel sind in der Kunstgeschichte ein Attribut von Engeln.

Freiheit, Leichtigkeit, die Gedanken

Psychologie: das Leben leichter nehmen

Esoterik: Verkörperung des Immateriellen, Geist, Intellekt

Fünfstern (Pentagramm)

Das Pentagramm dient als Grundlage für den »Goldenen Schnitt« und steht somit in seinem Zahlenverhältnis für Schönheit. Über die Kathedralenbauhütten gelangte es zu den Freimaurerlogen. Hier gilt es als geometrisches Zeichen für die fünfte Wissenschaft, die »heilige Geometrie«. Seine fünf Spitzen verweisen auf die Tugenden Klugheit, Gerechtigkeit, Stärke, Mäßigkeit und Fleiß.

Das Pentagramm symbolisiert ebenfalls die Gestalt des Menschen mit ausgestreckten Armen und Beinen und ist so ein Symbol für den Menschen und den menschlichen Mikrokosmos. Leonardo da Vinci stellte den Menschen im Kreis als Pentagramm dar.

Seit dem Mittelalter gelten Pentagramme als Zaubercharaktere und Abwehrzeichen gegen Dämonen und Druden (nächtliche Kobolde).

Das Pentagramm steht normalerweise auf zwei Spitzen, bei dem Drudenfuß, auch Alfenfuß genannt, weist eine Spitze jedoch nach unten. Man glaubte, dass Druden bei ihren nächtlichen Besuchen einen Fußabdruck hinterlassen, der in etwa dem Pentagramm gleicht. Gleichfalls symbolisiert das umgedrehte Pentagramm unsere Herkunft und Zugehörigkeit zur Natur und zum Tierreich. Es steht für die Urkräfte, Instinkte und Leidenschaften.

Mit der Spitze nach oben steht es für Gesundheit, Erkenntnis, Glück und Harmonie, mit der Spitze nach unten für verlorenes inneres Gleichgewicht, Verblendung, Unglück und Fall.

Esoterik:	Spitze nach oben: »weiße Magie« und Schutz vor Bösem, Spitze nach unten: »schwarze Magie«
Christentum:	Im Christentum steht der Fünfstern für die fünf Wundmale Christi (Zahlensymbolik).

Haus

Das Haus ist der Ort des Schutzes und der Geborgenheit.

Schutz, Geborgenheit, behütet sein, Stabilität, Bodenständigkeit, Sesshaftigkeit

Psychologie:	Das Haus versinnbildlicht die seelische und körperliche Verfassung, die eigene Persönlichkeit und den eigenen Körper.

Esoterik:	Das Haus symbolisiert den Menschen als Ganzes, seine Seele mit einbezogen. Die einzelnen Räume stellen die unterschiedlichen Themen des Menschen dar.

Herz

Ein Leben ohne Herz ist den Menschen nicht möglich.

Ein Herz aus Stein haben, verweist auf einen gefühllosen Menschen, ein gebrochenes Herz auf großen Kummer (Liebeskummer).

Das Herz ist ein altes Symbol für Liebe, Lebenskraft, Gefühle und Mut.

Esoterik:	ein Symbol für Zuneigung, Verlangen, Liebe, aber auch Hass
Christentum:	Das Herz ist das Zentrum des Seins und der göttlichen Gegenwart im Menschen. Das brennende Herz ist ein Sinnbild der warmherzigen, sich hingebenden Liebe.

Kelch

Früher kannte der einfache Mensch Gold nur in Verbindung mit dem Abendmahlskelch in der Kirche. Dieser Kelch, der den Heiligen Gral symbolisierte, wurde für die Menschen zu einem Symbol für geheimes Wissen und stand gleichfalls für das verlorene Paradies, das wiedergefunden werden muss.

Seelengefäß und Bewusstwerdung

Esoterik:	Seelenebene, Liebe, Empfangen, Hingabe, Geben, Gefühle
Christentum:	Der Heilige Gral symbolisiert das Wasser des Lebens, das Herz des Kosmos und die Quelle der Unsterblichkeit (den göttlichen Keim im Herzen der Menschen). Der Kelch, als auf der Spitze stehendes Dreieck dargestellt, versinnbildlicht das »Herz«.

Kleeblatt

Dreiblättriger Klee steht für Naturverbundenheit. Das vierblättrige Kleeblatt ist ein weit verbreitetes Symbol für »Glück«.

Naturverbundenheit, Glück

Esoterik:	Egal, in welcher misslichen Lage man steckt, das Kleeblatt bringt immer Glück mit sich und mildert schlimme Situationen ab.
Keltentum:	Bei den Druiden galt das vierblättrige Kleeblatt als ein wirksames Mittel gegen böse Geister.
Christentum:	Das dreifache Kleeblatt war in der christlichen Symbolik ein Zeichen für die Dreifaltigkeit. Als Heilpflanze wurde es im Mittelalter der »Mutter Gottes« zugeordnet. Auf frische Gräber gepflanzt versinnbildlichte es ein Leben nach dem Tod und wurde gleichfalls ein Symbol des Abschiedes. Das vierblättrige Kleeblatt repräsentiert das Kreuz und die vier Evangelien.

Knoten

Ein Knoten ist eine Verknüpfung von Fäden oder Seilen, kann also etwas verbinden und auch wieder lösen. Er kann einerseits auf Probleme oder Verstrickungen hinweisen, andererseits etwas miteinander verbinden. Das Lösen eines Knotens kann auf das Ende eines Problems hindeuten.

Bande, Verstrickung, Komplikation, Einschränkung, aber auch Verbindung und Zusammenhalt

Psychologie:	Ein Problem, das unlösbar scheint.
Esoterik:	spirituelle Kontinuität, Verbindung
Keltentum:	Der Knoten verweist auf die Bindung der Seele an die Erde und auf die ewige spirituelle Entwicklung des Menschen, bis er sich aus dem Zyklus der Wiedergeburt befreit.
Christentum:	Knoten verweisen auf die Bindung an das Schicksal und symbolisieren somit das Unausweichliche. In seiner Symbolik kann der Knoten (z. B. an sakralen Bauwerken) Dämonen abweisen und Unheil abwenden. Die drei Gürtelknoten der christlichen Mönche versinnbildlichen die drei Gelübde Armut, Keuschheit und Gehorsam.

Kreis

Jeder Punkt ist gleich weit entfernt vom Mittelpunkt, vom Zentrum. Es gibt kein Vor- und Hintereinander, keinen Anfang und kein Ende. Als unendliche Linie verweist der Kreis auch auf die Unendlichkeit. In der Gestalt einer Schlange, die sich in den Schwanz beißt, wird das Prinzip der Wiederkehr veranschaulicht.

In der Magie gilt der Kreis als Symbol des Schutzes gegen böse Geister und Dämonen. Deshalb findet man viele kreisrunde Amulette und Talismane. Auch einem »Ring« wurden schützende Eigenschaften zugesprochen.

Ganzheit, Wiederholung, Unendlichkeit, das nicht Manifestierte, das Ewige, die Zeit- und Raumlosigkeit

Psychologie:	Der Kreis stellt oft eine harmonische Persönlichkeit dar. Er kann aber auch auf das Bedürfnis nach Geborgenheit hinweisen.
Esoterik:	Bild des Vollkommenen und in sich Gleichen
Christentum:	Der Kreis ist das Symbol für die Einheit, für das Absolute, das Vollkommene und somit ein Symbol des Himmels und des All-Einen.

Kreuz

Das Kreuz ist ein Symbol der Vereinigung – von Himmel (vertikale Linie/männlich) und Erde (horizontale Linie/weiblich)

Überwindung der Polarität, Verbindung von Geist und Materie, Schöpfung, Einheit

Psychologie:	Nach C. G. Jung versinnbildlicht das Kreuz das Denken, Fühlen, Empfinden und die Intuition. Es steht ebenso für die seelischen Qualen.
Esoterik:	Einheit der vier Himmelsrichtungen, Elemente und Ähnliches. Der Schnittpunkt in der Mitte des Kreuzes steht für die Quintessenz. Jedes Kreuz versinnbildlicht die Manifestation des Geistes in der Materie.

Keltentum:	Das typisch keltische Kreuz ist im oberen Bereich mit einem Kreis verbunden. Es symbolisiert die Brücke zu anderen Welten, zu größerer Weisheit. Die vertikale Achse des Kreuzes symbolisiert die spirituelle Welt, die horizontale Achse die physische Welt. Das gleicharmige Kreuz steht für die vier Himmelsrichtungen, die vier Jahreszeiten und Ähnliches.
Christentum:	Das Kreuz symbolisiert den Opfertod Jesu Christi und das darin enthaltene Geschenk der Freiheit für die Menschheit. Zum anderen versinnbildlicht es die Beziehung zwischen Gott und den Menschen (vertikale Achse), ebenso die Beziehung zwischen den Menschen und die Verbundenheit mit der Erde (horizontale Achse).

Krone

Die Krone ist ein Symbol der Macht. Sie steht auf der einen Seite für Ansehen, Einfluss und Würde, auf der anderen Seite für übersteigertes Geltungsbedürfnis, Eitelkeit und Oberflächlichkeit.

Bewusstsein, Erkenntnis

Psychologie:	Sonnenseite des Lebens
Esoterik:	Symbol des reinen und offenen Kronenchakras mit direkter Verbindung zum Göttlichen (Kosmos)

Kugel

Die Kugel ist ein Symbol der Ganzheit, Vollkommenheit und Vollendung.

Ganzheit, Macht, Einheit

Psychologie:	Die Kugel versinnbildlicht den Prozess der Selbstwerdung des Menschen.
Esoterik:	Die Kugel vereinigt die Gegensätze. Sie bedeutet Perfektion. Eine deformierte Kugel kann darauf hinweisen, dass man noch weit vom Ziel entfernt ist.

Lilie

Lilien wurden aufgrund ihres auffälligen Erscheinungsbildes in vielen Kulturen geschätzt.
Insbesondere die Madonnenlilie erfuhr aufgrund ihrer strahlend weißen Farbe vielfach symbolische Verwendung.

Die weiße Lilie ist seit der Antike ein Symbol der Reinheit und der Schönheit, aber auch des Todes.

Als Symbol der Macht ist sie auf einigen Wappen (heraldische Lilie) zu finden.

Glaube, Reinheit, Unschuld, Keuschheit, Tod

Esoterik:	Die Lilie hat in der westlichen Tradition eine ähnliche Bedeutung wie der Lotos (siehe S. 109) und verweist auf das Kronenchakra.
Christentum:	Als Madonnenlilie verweist sie auf Reinheit, Keuschheit und Unschuld. Gabriel, der Engel der Verkündigung, wird meist mit einer Lilie in der Hand dargestellt.

Lotos

Der Lotos ist ein Symbol für die Welt vor ihrer Entfaltung. Die geöffneten Blüten verweisen auf die Schöpfung.

Liebe, Bewusstseinsentwicklung, Befreiung

Esoterik: Weißer Lotos steht für die empfangende Liebe. Der rosafarbene Lotos ist ein Sinnbild für die gebende Liebe. Der blaue Lotos ist ein Zeichen für die Wiedergeburt.

Ägypten: Neben dem Ur-Ei war der Lotos an der Schöpfung beteiligt. Der Lotos entstieg dem Urgewässer (Nun) und wird deshalb auch als »Die Blüte, die am Anfang steht« bezeichnet.

Asien: Der Lotos verweist auf die Reinheit des Geistes. Aus dem Schlamm eines Teiches heraus erhebt sich diese Pflanze mit einer makellosen Blüte und symbolisiert damit die harmonische Entfaltung des Geistes.

Löwe

Als »König der Tiere« symbolisiert er Mut, Wachsamkeit und Macht. Deswegen wird er oft als Wappentier verwendet.

Erhabenheit, Stärke, Mut, Kreativität

Esoterik: Ausdruck hoher Energie, Tatkraft, aber auch Aggressivität

Krafttier: Als Krafttier verweist der Löwe auf die weiblichen Energien der Intuition, Kreativität und Vorstellungskraft.

Christentum:	Der Löwe ist ein wichtiges Symbol für die Anwesenheit Gottes unter den Menschen. Nach einem Traumbild des Propheten Ezechiel steht am Thron Gottes neben dem Adler, dem Stier und dem Menschen auch der Löwe. Der Adler steht für den Evangelisten Johannes, der Stier für den Evangelisten Lukas, der Mensch für den Evangelisten Matthäus und der geflügelte Löwe für den Evangelisten Markus.
Ägypten:	Als Symbol der Sonne verweist der Löwe auf den Tod am Abend und auf die Wiedergeburt am Morgen.

Mond

Der Mond als Symbol verweist seit uralten Zeiten auf das Weibliche, auf die Mutter und auf die Frau.
In der indischen Mythologie wird der Mond als Trinkschale bezeichnet, als mütterliches Symbol, das Kraft verspricht und in das man sich zur Meditation versenken kann.

Gemüt, Gefühlsreichtum, Sehnsucht, das Romantische

Psychologie:	Nach C. G. Jung ist der Mond ein Symbol für die Geisteskrankheit. Ebenso verweist er auf die eigene Schattenseite, das Unbewusste.
Esoterik:	die große Mutter und die unbekannte Seite des Selbst, weibliches Prinzip, Empfänglichkeit, Aufnahme
Christentum:	Auf vielen Darstellungen steht Maria auf der Mondsichel. In der Offenbarung des Johannes (Offb 12,1-6) steht geschrieben: »Dann erschien ein großes Zeichen am Himmel: eine Frau, mit der Sonne bekleidet; der Mond unter ihren Füßen und ein Kranz von zwölf

Sternen auf ihrem Haupt. Sie war schwanger und schrie vor Schmerzen in ihren Geburtswehen.«
Steht der Mond im Zusammenhang mit der Sonne, verweist er auf das empfangende Lebensprinzip.

Pfeil

Als einen Pfeil bezeichnet man ein Symbol, bestehend aus einer Linie und einer an dieser Linie angebrachten Spitze. Es gibt viele verschiedene Pfeilsymbole, die in verschiedenen Zusammenhängen benutzt und unterschiedlich gedeutet werden.
Der Pfeil kann Liebe, Zielgerichtetheit und Direktheit symbolisieren, aber auch auf Gefahren hinweisen, die vom Verhalten anderer ausgehen, insbesondere seelische Verletzungen durch Aggressivität, Bosheit, Gehässigkeit, Neid und Missgunst.

Zielgerichtetheit, Direktheit, direkte Kommunikation, Amors Pfeil bedeutet Liebe.

Psychologie: Direktheit (Worte) können verletzen.

Esoterik: In der Esoterik verweist der Pfeil auf Kraft, Geschick und Energie.

Quadrat

Das Quadrat hat vier gleich lange Seiten, vier Symmetrieachsen, die Diagonalen stehen aufeinander senkrecht und halbieren sich. Es ist punktsymmetrisch.
Während der Kreis das Göttliche versinnbildlicht, steht das Quadrat als geometrische Form für das Menschliche. Meist steht der Kreis in

der Symbolik in Verbindung mit dem Quadrat, dem Symbol für die Welt. In der mystischen Symbolik bedeutet die Verbindung von Quadrat und Kreis die Verbindung von Materie und Geist. Auch der freimaurerische Winkel und Zirkel ist in diesem Sinne zu verstehen.

Stabilität, Materie, plötzliche Veränderung, Erdung, seelische Ausgewogenheit

Psychologie:	Erscheinen im Traum gleichzeitig Quadrat und Kreis, verweist dies auf die Unmöglichkeit, ein bestimmtes Problem zu lösen.
Esoterik:	In der Zahlensymbolik entspricht die Vier dem Quadrat und verweist auf die Materie. Ausgewogenheit und Stabilität.

Regenbogen

Wir sehen den Regenbogen dann, wenn die hinter uns stehende Sonne eine Regenwand vor uns beleuchtet.

Verheißung, sichtbarer Segen

Psychologie:	In der Regel verweist der Regenbogen auf Kreativität und Fantasie, ebenso ist er ein Symbol der Hoffnung und das Versprechen auf Besserung. Nach C. G. Jung symbolisiert der Regenbogen eine Brücke, die ins Jenseits führt.
Esoterik:	Das farbige, bogenförmige Licht verbindet die Erde mit dem Himmel und stellt somit eine Brücke in die geistige Welt dar.
Christentum:	Er ist ein Zeichen des Friedens zwischen Gott und den Menschen.

Rose

Da die Rose konsequent die Geometrie des Pentagramms abbildet und den »Goldenen Schnitt« in sich trägt, wurde sie zur Königin der Blumen gekrönt.

Liebe und Zuneigung, Schönheit

Psychologie:	Nach C. G. Jung ist die Rose ein Zeichen der Ganzheit.
Esoterik:	Erkenntnis, Klarheit, Weisheit, Wahrheit, reine Liebe, reine Schönheit, Vollkommenheit, Leidenschaft, Leben und Tod, Zeit und Ewigkeit, das Zentrum des Lebens
Christentum:	Als vollendete Blume wurde sie zum Christussymbol.

Schlange

Seit der Vertreibung aus dem Paradies wird der Schlange mit Angst begegnet.
Weil Schlangen auch nach erreichter Geschlechtsreife ihr Leben lang weiterwachsen, ihre Haut jedoch nicht kontinuierlich abgeschuppt wird, müssen sie sich regelmäßig komplett häuten. Die alte Haut reißt auf, und die Schlange versucht, sich beim Kriechen durch enge Spalten, um Äste herum und Ähnliches von ihr zu befreien. Bevor die Schlange ihre Haut abstreift, trüben sich ihre Augen. Die alten Mystiker sahen darin die Fähigkeit, die Grenzen zwischen Leben und Tod nach beiden Seiten hin zu durchschreiten. Wenn die Hornhaut der Augen mit abgeschuppt ist, werden die Augen der Schlange wieder ganz hell, als ob sie die Welt in neuem Licht sehen könnten.

Erneuerung, Wiedergeburt, Erleuchtung, Weisheit, aber auch Falschheit und List

Psychologie:	Die Schlange als archetypisches Zeichen weist nach C. G. Jung auf etwas Bedeutsames im Unbewussten hin. Dies kann gefährdend, aber auch Heil bringend sein.
Esoterik:	Energie, die Schlangenkraft der Kundalini, Sexualität. Der Ouroboros, die Schlange, die sich selbst in den Schwanz beißt, symbolisiert Vollkommenheit, unendliche Energie und Macht.
Keltentum:	Aufgrund ihrer Fähigkeit, sich zu häuten, verweist sie auf die Wiedergeburt des Menschen. Die Schlange symbolisiert den Kreislauf von Wiedergeburt und Tod. Häufig wird sie auch als Wächter geheimnisvoller Stätten dargestellt.
Krafttier:	Als Krafttier verweist die Schlange auf die Energie der Transformation und der Heilung.
Christentum:	Meist versinnbildlicht sie das Böse, die Verführung. Eva wird durch die Schlange verführt, von den Früchten des verbotenen Baumes zu essen, und Adam wird wiederum von Eva verführt. Auch in den christlichen Traditionen gibt es abweichende Bedeutungen. So verkörpert die Schlange ebenso das menschliche Bewusstsein, das die Erkenntnis in die Welt bringt.

Schmetterling

Ein Schmetterling durchlebt vier Entwicklungsstadien. Aus einem Ei schlüpft nach einer angemessenen Entwicklungszeit eine Raupe. Die Raupe häutet sich vier bis fünf Mal, bis sie ihre endgültige Größe erreicht hat. Sobald sie ausgewachsen ist, verpuppt sie sich.

Im Puppenstadium findet die Umwandlung von der Raupe zum Schmetterling statt. Erreicht die Puppe ihr Endstadium, schlüpft der Schmetterling in vier Phasen. Erst wenn alle Phasen des Schlüpfens komplett vollzogen wurden, kann der Schmetterling fliegen.

Veränderung, Metamorphose, Freiheit

Psychologie:	seelische Wandlung
Esoterik:	Symbol der Wandlung
Krafttier:	Als Krafttier verweist der Schmetterling auf die Energie der Metamorphose.
Christentum:	Der Schmetterling symbolisiert die von der Materie befreite Seele.

Sechsstern (Hexagramm)

Das Hexagramm ist ein sechszackiger Stern, der aus zwei sich überlappenden, gleichseitigen Dreiecken gebildet wird. Als Davidstern bezeichnet stellt er nach Anschauung der jüdischen Kabbala die Involution und Evolution, die enge Verknüpfung der unsichtbaren mit der sichtbaren Welt dar.
Der Sechsstern wird auch als Salomonsiegel bezeichnet, ein magischer Ring mit sechszackigem Stern (Sigillum Salomonis), den Erzengel Michael dem König Salomon geschenkt haben soll. Mit Hilfe dieses Ringes konnte Salomon die Engel herbeirufen und Dämonen bannen.
Ebenso wie das Pentagramm dient das Hexagramm als Schutzsymbol.

Vereinigung von männlich und weiblich, von Materie und Geist

Psychologie: Das Hexagramm symbolisiert eine harmonische Entwicklung der physischen, sozialen und spirituellen Elemente im Leben eines Menschen und ihre Integration in ein vollkommenes Ganzes.

Esoterik: Schutzsymbol

Christentum: Involution und Evolution

Sonne

Die Sonne ist das zentrale Gestirn am Himmel, von ihr hängt alles Leben auf der Erde ab. Viele wichtige Prozesse auf der Erdoberfläche, das Leben selbst, werden durch die Energie der Sonne angetrieben. Als religiöses Symbol verkörpert die Sonne die höchste kosmische Macht, das Zentrum des Seins und intuitiver Erkenntnis. Sie versinnbildlicht den Geistesfunken im Menschen.

Wärme, Leben, Lebenskraft, Licht

Esoterik: ausstrahlendes Licht, kreative Energie, bedingungsloses Geben, Feuer in seiner höchsten Vollendung

Christentum: Schon in der frühen Christenheit wurde das universelle Sonnensymbol für die Dreifaltigkeit Gottes verwendet. Die Sonnenscheibe stand für Gott Vater, die Strahlen für Gott Sohn und die strahlende Wärme für Gott Geist.

Spirale

Eine Spirale (Schneckenlinie) ist eine Kurve, die um einen Punkt verläuft und sich je nach Laufrichtung von diesem entfernt oder sich ihm annähert.
Die rechtsdrehende Spirale ist das Zeichen der Schöpfung. Von einem Punkt aus führt sie alles (das Licht der Seele) nach außen.
Die linksdrehende Spirale ist das Zeichen der Rückkehr zur Einheit. Von außen führt der Weg in die Mitte.

dynamische Bewegung, Entwicklung, Zyklen

Psychologie:	geistige Zentrierung
Esoterik:	ewige Wiederkehr, Meditation (der Weg nach innen)
Keltentum:	So ganz ist die keltische Symbolik der Spirale nicht geklärt. Man nimmt jedoch an, dass sie die Reise vom Unbewussten zum Bewussten und somit spirituelles Wachstum bis hin zur Erleuchtung symbolisiert.
Christentum:	versinnbildlichte den Zyklus eines Menschenlebens

Stern

Die Sterne symbolisieren nicht nur Romantik, Geheimnis, Individualität und Unendlichkeit, sondern sie stehen auch für Schutz und dienen als wegweisende Begleiter.
(Siehe auch Fünfstern/Pentagramm und Sechsstern/Hexagramm.)

Romantik, Geheimnis, Unendlichkeit, Individualität

Psychologie:	Erscheint im Traum ein Stern oder ein Sternenhimmel, sind dies Bilder für Zuversicht, Glaube, Hoffnung und Licht.
Esoterik:	Quelle von Licht und Helligkeit, spirituelles Erwachen
Keltentum:	Als Talisman getragen ist der Stern ein Symbol für eine positive Zukunft und soll für seinen Träger Gesundheit und Reichtum anziehen.
Christentum:	Der Stern symbolisiert die Suche nach Wahrheit und geistiger Entfaltung. Er ist ein Zeichen der Geburt.

Tür

Türen und Tore sind Ein- *und* Ausgänge. Sie können verschlossen sein, um ungebetene Eindringlinge abzuhalten oder um Geheimnisse zu verstecken. Verschlossene Türen und Tore vermitteln daneben auch ein Gefühl der Sicherheit. Offene Türen und Tore laden dagegen dazu ein einzutreten. Durch eine geöffnete Türe einzutreten, hat ganz unterschiedliche Bedeutungen.

Zugang, Bewegung aus einem Bereich in einen anderen, etwas hinter sich lassen, weiterkommen, Schließung

Psychologie:	Nach C. G. Jung verweist die Türe auf den Übergang in eine andere Phase.
Esoterik:	Die Tür, das Tor, die Pforte versinnbildlichen den Übergang, eine Schwelle zwischen zwei Bereichen.
Christentum:	Übergang von einer Welt zu einer anderen, Eingang in ein neues Leben: Initiation, eine verborgene Welt, in die man Zutritt erlangen kann

Uhr (auch Sanduhr)

Das Symbol der Uhr versinnbildlicht immer Vergänglichkeit, Unbeständigkeit und Weiterentwicklung.

Altern, Tod, Ablauf der Zeit

Psychologie:	kann die Angst symbolisieren, dass das Leben zu schnell vergehen könnte
Esoterik:	Erkenntnis von Alter und Zeit
Christentum:	Die Sanduhr (Stundenglas) versinnbildlicht das Verrinnen der Zeit.

Wasser

Mit »Wasser« verbindet der Mensch die Vorstellung von Leben schlechthin.
Wasser kann Ruhe und Gelassenheit schenken, und es kann ebenso schrecklich tosen, rauschen und zerstören. In fast allen Kulturen ist Wasser jedoch das Symbol des Lebens und der Erneuerung. Wasser garantiert nicht nur das Überleben, sondern steht symbolisch auch für das geistige Leben.

Ruhe, Gelassenheit, Bewegung, Zerstörung

Psychologie:	Nach C. G. Jung verweist Wasser auf das »Fühlen«.
Esoterik:	Emotionen, Auflösung, Nachgiebigkeit, Flüssigkeit, Loslassen, Reinigung, Unbewusstes, Seelenebene

Schwächende und stärkende Symbole

Aufgrund der individuellen Erfahrungen haben Symbole eine unterschiedliche, ganz persönliche Wirkung auf den Menschen. Manche stärken uns, weil wir sie mit positiven Erlebnissen und Emotionen in Verbindung bringen, andere schwächen uns, weil sie uns an traurige, ja manchmal sogar traumatische Erlebnisse erinnern.
Im NLP (Neurolinguistisches Programmieren) nennt man diesen Vorgang »Ankern«, das heißt, bestimmte Gefühle sind mit Gesten, Wörtern oder Bildern verbunden, die eine Erinnerung und die damit verbundenen Emotionen auslösen.

Im energetischen Bereich gibt es ein paar Symbole, die allgemein eine ungünstigere Schwingungsfrequenz haben, und es gibt solche, die eine hohe Schwingungsfrequenz freigeben. Es gibt Sinnbilder, die uns erfreuen, die Hoffnung und Mut in uns aktivieren, und solche, die uns traurig, ärgerlich oder sogar wütend machen können.

Wenn Sie ein energetisches Bild ankern möchten, dann wählen Sie bitte ein Symbol mit hoher Schwingungsfrequenz. Denn die energetischen Bilder sollen, wie bereits erwähnt, den Klienten und/oder den Raum energetisch kraftvoll unterstützen.

Einige stärkende Symbole

strahlende Sonne	⇨	Wärme, Licht, Leben, Lebenskraft
lachendes Gesicht	⇨	Lachen, Freude, Zufriedenheit
Herz	⇨	Liebe, Mut
geöffnete Tür	⇨	Weiterkommen
u. v. m.		

Ebenso können Sie stärkende Worte und/oder Affirmationen verwenden, um ein energetisches Bild zu ankern.

Einige schwächende Symbole

verschlossene Tür

erloschene Kerze

tränendes Auge

Weinen, Tränen oder auch eine verschlossene Türe sind natürlich nichts Schlimmes. Auch hier kommt es, wie immer im Leben, auf den eigenen Blickwinkel an. Die verschlossene Türe kann z. B. Schutz bedeuten oder dass in diesem Moment noch nicht der richtige Zeitpunkt gekommen ist. Tränen sind ebenso positiv und wichtig. Tränen sind eine Form der inneren Reinigung! Sie können ein Zeichen des Leidens oder auch der Freude sein. Beides sind sehr tief greifende Gefühle, die ihre Wurzeln in unseren Herzen haben.
Da im Allgemeinen die oben aufgeführten Symbole allerdings zuerst einmal als schwächend interpretiert werden, ist es sinnvoll, andere Bildzeichen als Anker für ein energetisches Bild zu nutzen.

Entdecken Sie in Ihrer oder in der Auragraphie Ihres Klienten ein schwächendes Symbol, so dient dies zum Erkennen bestimmter Situationen. Schauen Sie sich die umliegenden Farben und Symbole an, um mögliche Lösungswege aufzuzeigen.
Nutzen Sie zum Lesen der energetischen Bilder stets all Ihre medialen Sinne!

MACHEN SIE SICH EIN BILD VON IHRER SEELE

Es gibt viele Schlüssel, die uns dabei behilflich sind, unsere eigenen medialen Wahrnehmungssinne zu aktivieren und zu entfalten. Dazu gehören unter anderem die verschiedenen Techniken der Meditation, Musik, Schreiben und vieles mehr.

Ein sehr schöner Schlüssel ist das Malen und Zeichnen. Keine Angst, dafür muss man weder Picasso noch Michelangelo Buonarotti oder Leonardo da Vinci heißen. Der Schwerpunkt in den medialen Ausbildungen liegt in der Förderung der individuellen medialen Wahrnehmung und der Intuition – mithilfe der eigenen Kreativität.

In den verschiedenen Techniken des medialen Malens wird das Spiegelbild der Seele in Form von Farben und Symbolen sichtbar gemacht. Diese Bilder stellen ähnlich einem Horoskop, das Abbild der Persönlichkeit dar, in welchem sich seelisch-geistige Aspekte und die der Seele innewohnenden Fähigkeiten und Entfaltungsmöglichkeiten spiegeln.

Wenn wir uns an das Thema »mediales Malen« langsam herantasten, begegnet uns sehr schnell auch das »intuitive Malen«. Was ist nun der Unterschied?

Beim »intuitiven Malen« geht es darum, unsere Emotionen, Gedanken und Wünsche absolut wertfrei von der inneren auf die äußere Leinwand zu bringen. Dies hilft uns, unser Innerstes besser kennen zu lernen und somit unsere Persönlichkeit bewusster zu entfalten auf unserem Weg der Selbsterkenntnis.

Beim »medialen Malen« werden die Symbole, Farben und Botschaften der feinstofflichen Ebenen, die wir durch unsere medialen Wahrnehmungssinne empfangen, auf die Leinwand gebracht, z. B. durch visionäres Schauen oder Hellfühlen.

Malt ein Klient sein eigenes Bild, so gehen meist das intuitive und das mediale Malen nahtlos ineinander über.

Wie bereits in der Einleitung erwähnt, nutzt ein Psychic-Art-Medium die feinstoffliche Wirkung der Farbschwingungen und Symbole, um für seine Klienten oder auch für bestimmte Räume harmonisierende und energetisch kraftvolle unterstützende Energiebilder zu malen. Ebenso kann es in einer Auragraphie das Leben eines Menschen in möglichst vielen Facetten erfassen, diese für den Klienten sichtbar und mögliche Lösungsschritte erkennbar machen.

Die verschiedenen Techniken

Auragraph

Während meiner medialen Ausbildung durch verschiedene englische Medien lernte ich unter anderem auch das Aura-Malen kennen. In der medialen Ausbildung dient diese Technik der Schulung der eigenen Hellsichtigkeit, Hellfühligkeit und Intuition durch das Malen der Aura des Übungspartners, das Lesen des gemalten Bildes und durch ein direktes Feedback. Es gibt keine Richtlinie, wie man einen solchen Auragraphen in Form oder Farbe erstellen soll, und auch die Lesetechnik ist individuell verschieden.

Folgende Auragraphen habe ich kennen gelernt:

I. Auragraph Farbschwingung / Momentaufnahme

Malen Sie einen Kreis oder ein Oval (die Eiform der Aura repräsentiert das Leben) und darin die Umrisse der Person, für die diese Zeichnung bestimmt ist. Füllen Sie nun die leere Fläche in dem Kreis bzw. dem Oval entweder hellsehend, hellfühlend oder ganz intuitiv mit Farben. Lesen Sie das fertig gemalte Bild unter Hinzunahme der Farbporträts sowie der Beschreibungen zu Chakren und Aurafarben.

II. Auragraph gespeicherte Informationen / zeitliche Einordnung von Vergangenheit, Gegenwart und Zukunft

Bei dieser Form eines Auragraphen malen Sie einen Kreis und teilen diesen in drei Dreiecke ein, jeweils eines für Vergangenheit, Gegenwart und Zukunft. Es gibt dabei keine feste Vorgabe für die Größe der Flächen, wählen Sie diese ganz nach Gefühl. Füllen Sie die verschiedenen Dreiecke entweder hellsehend, hellfühlend oder ganz intuitiv mit Farben, Symbolen oder auch mit Zahlen und Namen. Lesen Sie das fertig gemalte Bild unter Hinzunahme der Farbporträts sowie der Beschreibungen zu Chakren, Symbolen und Aurafarben. Nutzen Sie zum Lesen der energetischen Bilder all Ihre medialen Sinne!

III. Auragraph gespeicherte Informationen / Geburt bis in die Zukunft

Dieser Auragraph ist eingeteilt in Geburt, Kindheit, Jugend, Erwachsenenalter, Gegenwart und Zukunft. Die Fläche der »Gegenwart« erscheint verhältnismäßig klein. Das »Jetzt« ist ja auch nur ein Bruchteil unserer Zeit. Die Zeitabstände unseres Lebens gehen fließend ineinander über: Die Vergangenheit ist mit der letzten Sekunde bereits verstrichen, und die Zukunft möchte erst noch erlebt werden. Malen Sie einen Kreis oder ein Oval, und füllen Sie die freie Fläche mit den Farben, Formen und Symbolen Ihrer Wahl. Zum Lesen nutzen Sie bitte die abgebildete Auragraph-Vorlage und die Farbporträts sowie die Beschreibungen zu den Chakren und Aurafarben.

IV. Auragraph gespeicherte Informationen / Geburt bis in die Zukunft

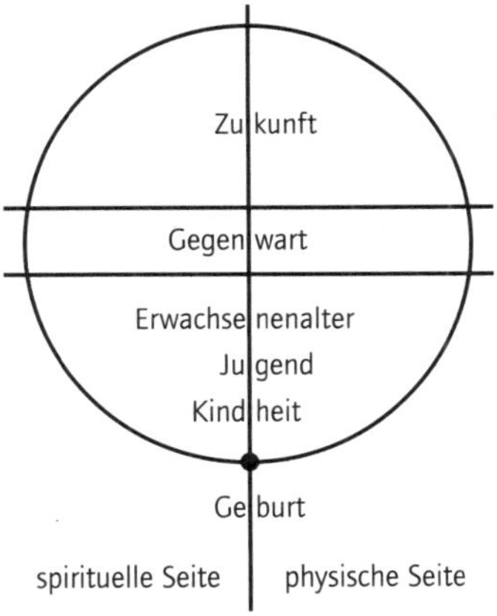

Auragraph IV ist in die gleichen Felder wie Auragraph III eingeteilt. Zusätzlich wird der Kreis oder das Oval durch eine senkrechte Teilung in eine physische (rechts) und in eine spirituelle (links) Seite eingeteilt.
Malen Sie einen Kreis oder ein Oval, und füllen Sie die freie Fläche mit den Farben, Formen und Symbolen Ihrer Wahl. Zum Lesen nutzen Sie bitte die abgebildete Auragraph-Vorlage und die Farbporträts sowie die Beschreibungen zu den Chakren und Aurafarben.

V. Auragraph gespeicherte Informationen / Geburt, Jugend, Gegenwart und Zukunft

Auragraph V ist in Geburt, Jugend, Gegenwart und Zukunft eingeteilt. Der Unterschied zu den vorigen Auragraphen besteht

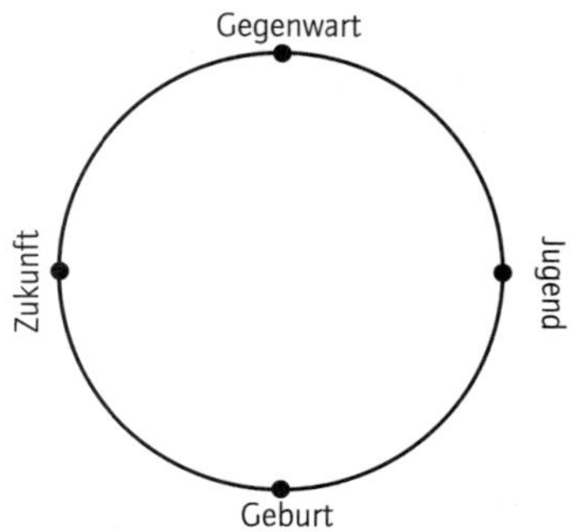

darin, dass er gegen den Uhrzeigersinn gelesen wird.
Zum Malen und Lesen dieses Auragraphen gehen Sie bitte vor wie oben beschrieben.

Wenn Sie eine Zeit lang mit den verschiedenen Auragraphen gearbeitet haben, werden Sie sicherlich einen inneren Impuls verspüren, Ihre eigene Technik zu entwickeln. Vertrauen Sie Ihrer Intuition, und entwickeln Sie Ihre eigene Mal- und Lesetechnik.

VI. Auragraph »Aus dem Licht kommen wir. Ins Licht gehen wir zurück.«

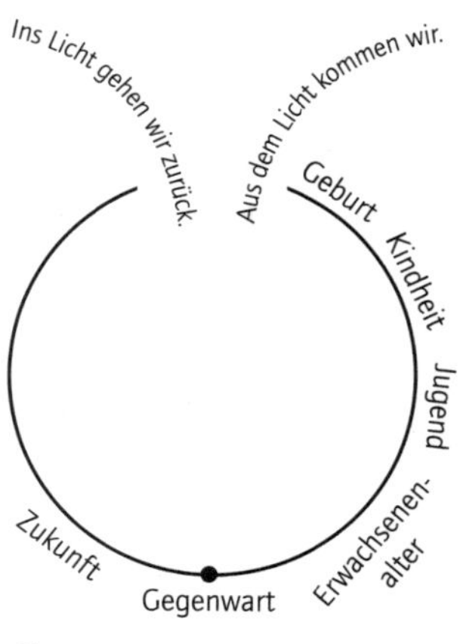

In einer Meditation sah ich einen goldenen Ring, der in der oberen Hälfte durch einen Diamanten aus strahlend hellem Licht verbunden wurde. Noch während dieser Innenreise stellte ich mir die Frage, was mir dieses Bild mitteilen möchte. In mir hörte ich die Worte »Aus dem Licht kommen wir. Ins Licht gehen wir zurück.« Dieses Erlebnis war die Grundlage für meine persönliche Auragraph-Technik.
Füllen Sie den Kreis intuitiv oder hellsehend mit Farben und Symbolen. Gelesen wird dieser Auragraph im Uhrzeigersinn. Nutzen

Auragraph I

»Aura-Abstrahlung«

Einordnung der Informationen über die Farbschwingungen der verschiedenen Auraschichten. Eine Momentaufnahme.

Auragraph II

gespeicherte Informationen / Vergangenheit, Gegenwart und Zukunft

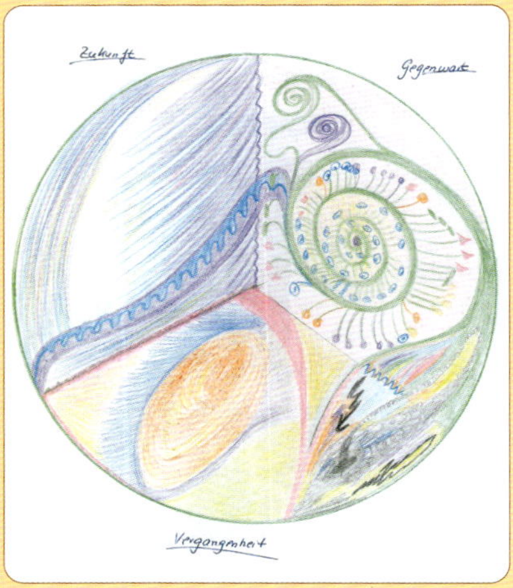

Auragraph III

Lebensbaum, als Grundlage dient hier Auragraph III.

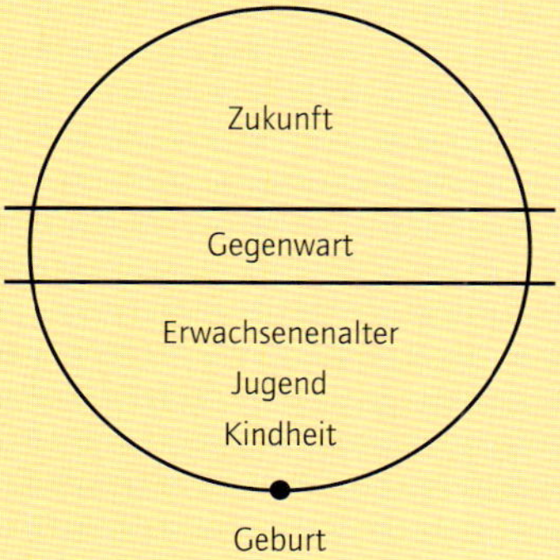

Lebensblume, als Grundlage dient Auragraph III.

Auragraph III

Diese Variante des Auragraphen III dient hier als Grundlage für den so genannten »Farbklecks«.

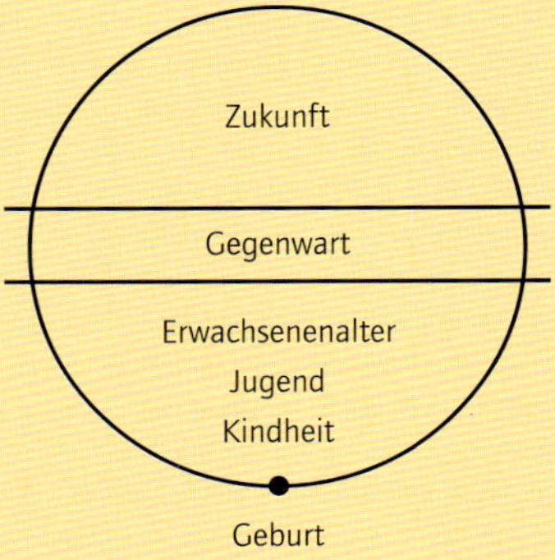

Auragraph IV

Auragraph IV dient hier zum Lesen des Lebensbaumes.

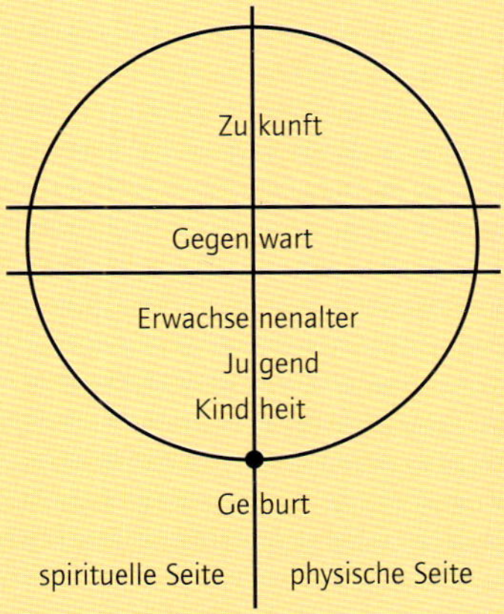

Auragraph V

Auragraph V wird gegen den Uhrzeigersinn gelesen.

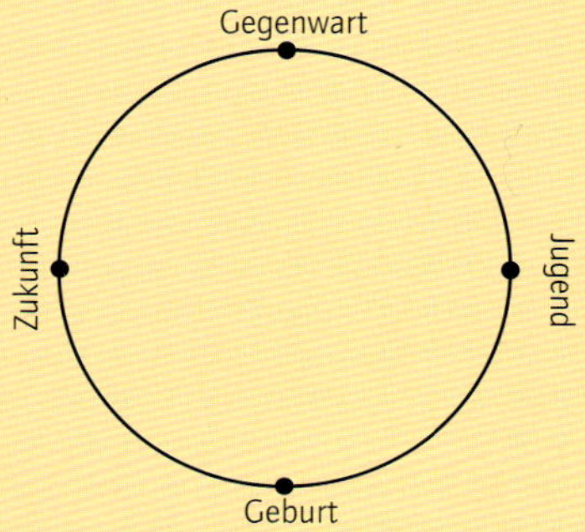

Auragraph VI

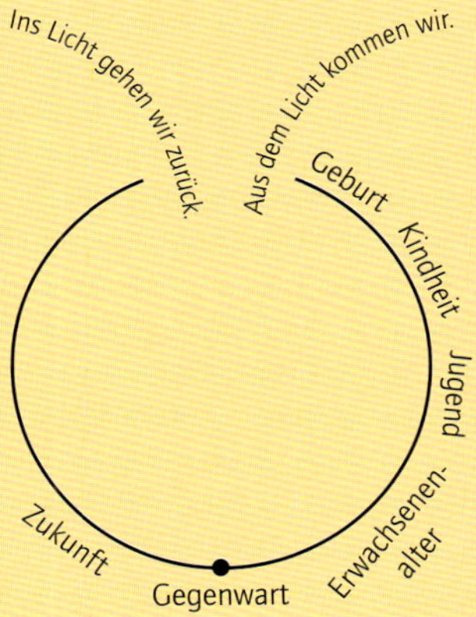

Lesen eines Auragraphs

Beschreibung siehe Seite 131 f.

Einige Beispielbilder

Ich möchte hier die Essenz des »Bilderlesens« in nur einem Satz wiedergeben, denn die ganze Kraft und Geschichte eines jeden Bildes würde den Umfang dieses Buches sprengen.
Bild von allen vier Seiten:

So wurde es gemalt
Erste Betrachtung des Bildes

Erste Drehung im Uhrzeigersinn
Zweite Betrachtung

Zweite Drehung im Uhrzeigersinn
Dritte Betrachtung

Dritte Drehung im Uhrzeigersinn
Vierte Betrachtung

»Tanze das Licht deines Seelenfeuers«

© Ilka V. aus Köln

Seelenbild

»Tanze das Licht deines Seelenfeuers«

Seelenbild

»Die Kraft der Kommunikation«

Engel-Energie-Bild

Die Spirale ist ein uraltes Symbol für die Schöpfung.

»Die Verbindung mit dem Göttlichen«

Schutzengel-Kraft-Bild

Dieses Bild habe ich ca. zwei Tage vor meiner Lungenentzündung gemalt. Darauf sehr deutlich zu erkennen ist das Licht am Ende des Tunnels und mein Schutzengel, der mich auf dieser Reise begleitet hat.

»Er ist stets an meiner Seite«

Engel-Bild

»Er bringt Licht in die Dunkelheit«

Energetisches-Beziehungs-Kraftbild

Die energetische Kraft von Yin & Yang

»Die verbindende Kraft zwischen Mann & Frau«

Chakra-Bild

Buntstift auf Papier

»Herz-Chakra«

Sie auch hier wiederum die Farbporträts sowie die Beschreibungen zu den Chakren und Aurafarben.

Lebensbaum malen

Eine andere Möglichkeit, einen Menschen intuitiv zu erfassen und seine Essenz mithilfe von Farben und Symbolen sichtbar zu machen, ist das Malen des Lebensbaumes. Ich fand es immer sehr schön, dieses Sinnbild zu malen und anschließend zu lesen.
Den Lebensbaum kann man selbst malen oder auch malen lassen. Dazu wird einfach ein Baum auf ein Blatt Papier gezeichnet und je nach Wunsch ausgeschmückt mit Farben und Symbolen.
Dieses Bild kann ganz intuitiv gelesen oder von unten (Wurzel) nach oben (Krone) in Vergangenheit, Gegenwart und Zukunft eingeteilt werden. Auch hier ist es möglich, das Bild, wie bei Auragraph IV beschrieben, vertikal in zwei Hälften, in die physische und die spirituelle Seite, einzuteilen.
Nehmen Sie sich die Farbporträts und Symboldeutungen zur Hand, um das Bild zu lesen. (Beispiele siehe Seite III.)

Lebensblume malen

Die Lebensblume wird genauso gemalt und gelesen wie der Lebensbaum. Hier wird als Symbol für das Leben des Klienten anstelle des Baumes jedoch eine Blume verwendet. (Beispiele siehe Seite III.)

Farbkleckse

Die einfachste und schnellste Art, einen Menschen mithilfe von Farben zu spiegeln, sind die »Farbkleckse«. Das kennen wir wahrscheinlich alle: ein Blatt Papier, darauf ein oder mehrere Kleckse Farbe, das Papier falten, wieder öffnen und vom Übungspartner lesen lassen. Benutzen Sie dazu eine Farbe, die sich leicht verteilen lässt beim Zusammenfalten des Papiers, z. B. Wasser- oder Acrylfarbe. Auch dieses Bild können Sie ganz intuitiv lesen oder ähnlich dem Lebensbaum in Vergangenheit, Gegenwart und Zukunft einteilen. Lesen Sie auch dieses fertig gemalte Bild unter Hinzunahme der Farbporträts, Symbole, Chakren und Aurafarben, wenn Sie sich noch nicht ganz sicher fühlen. (Beispiele siehe Seite IV.)

Porträts Verstorbener

Eine besondere Art des medialen Malens durfte ich ebenfalls in England kennen lernen: die Psychic-Art-Medien in England, die sich auf das Malen von Porträts Verstorbener spezialisiert haben, die sie hellsichtig oder hellfühlend empfangen.

Die meisten aller medialen Bilder sind »Momentaufnahmen«, die sich in jeder Sekunde unseres Lebens verändern können, denn auch wir entwickeln uns stetig weiter.

Gemalt werden diese Bilder meist auf weißem Papier mit Buntstiften oder auch auf schwarzem Papier mit Kreide.

Beispiel: Lesen eines Auragraphs

Der abgebildete Auragraph wurde von Kathrin, eine meiner Zirkelteilnehmerinnen, für ihren Übungspartner gemalt. An dieser Stelle möchte ich mich bei ihr und all meinen übrigen Kursteilnehmern bedanken für ihre Bereitschaft, ihre Bilder in diesem Buch abdrucken zu lassen.

Ich möchte nun ein paar Stichpunkte wiedergeben, wie dieses Bild gelesen werden kann. Eine ausführliche Deutung würde dieses Buch sprengen und auch zu sehr in private Erlebnisse eindringen.
Ein jeder, der dieses Bild lesen würde, würde einen ganz persönlichen Blick darauf werfen und eine andere Facette dieses Lebens ansprechen. Das Gesetz der Resonanz kommt hier zum Tragen.

Leider ist die Farbe in der Abbildung nicht zu erkennen (siehe Farbteil Seite VIII).

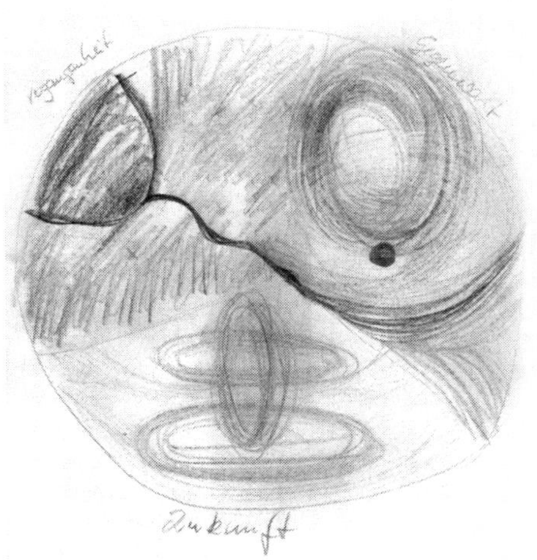

Vergangenheit:

Der dunkle Fleck in der Vergangenheit weist auf ein problematisches Umfeld, eine problematische Situation hin. Die umgebende braune Farbe deutet auf ein zurückgezogenes Leben in Demut und Sorge hin. Die gelben Sterne zeigen, dass es auch hier immer wieder Lichtblicke gab. Die blaue Farbe, die wie ein Fluss die Vergangenheit, Gegenwart und Zukunft verbindet, ist die wichtige und heilende Kommunikation.

Der dunkle Fleck in der Vergangenheit, der verbindende blaue Fluss und das grün-gelbe Dreieck in den Dreiecken Gegenwart und Zukunft erinnern an das menschliche Ohr mit Trommelfell und Ohrtrompete, die das Mittelohr mit dem Rachenraum verbindet. Wie sich beim Lesen des Auragraphs herausstellte hatte die Übungspartnerin einen Tinnitus.

Gegenwart

Hier sind nun, im Gegensatz zur Vergangenheit, viele Farben vorhanden. Diese Person entdeckt gerade die Essenz aus all ihren bisherigen Erfahrungen. Alles wird aufgewirbelt, vieles kommt an die Oberfläche. Dies geschieht auf einem schützenden, heilenden grünen Fundament. Das wichtigste verbindende Glied ist die blaue Farbe der Kommunikation. Stark vertreten ist hier auch die Farbe Gelb als Sinnbild für das Wissen, das aus all diesen Erfahrungen gewachsen ist, und die Fröhlichkeit, die ins Leben zurückgekehrt ist. Trotz des Wirbels ist eine gewisse Leichtigkeit zu erkennen.
Betrachtet man das Bild als Ganzes, kann man ein Clownsgesicht mit der Augenklappe eines Piraten erkennen. Kathrins Übungspartner ist ein lustiger Mensch, der zu vielen Späßen aufgelegt ist. Beruflich schlüpft er auch schon mal in verschiedene Kostüme.

Zukunft

Hier ist eine kraftvolle und stabile Verbindung zwischen Himmel und Erde entstanden. Aus den Erlebnissen der Vergangenheit sind Wissen und Weisheit gewachsen, die nun mit Liebe, Respekt und einem stark ausgeprägten Einfühlungsvermögen an andere Menschen weitergegeben werden.

In diesem Auragraphen steht noch viel mehr geschrieben, als kleiner Einblick sollte dies dennoch ausreichen.

Ein paar kleine Übungen als Vorbereitung auf das mediale Malen energetischer Bilder

Um die Bilder nach dem Malen zu lesen, ist es für den Anfang sehr hilfreich, sich mit der Bedeutung der Farben auseinanderzusetzen. Dies ist allerdings nur ein Hilfsmittel, denn letztendlich geht es darum, die Aura bzw. den Menschen mit den eigenen medialen Wahrnehmungssinnen in seiner Gänze zu erfassen.

Ich werde oft gefragt, ob es ein Buch gibt, in dem alles steht, was man zu den Bedeutungen der Farben und der verschiedenen Symbole wissen muss. Diese Frage habe ich ebenfalls einst meiner ersten medialen Lehrerin gestellt, und sie antwortete: »Schreibe dein eigenes Symbolbuch, dann entwickelst du deine eigene mediale Sprache.«

Es geht darum, was das Symbol **Ihnen** in diesem Augenblick erzählt. Wenn ich mir einen Baum anschaue, bedeutet er für mich z. B. »Wachstum«. Für einen anderen Betrachter bedeutet er vielleicht »Größe« oder »Stabilität« oder »Halt« oder, oder, oder.
Da gibt es unzählige Möglichkeiten.
Lese ich also ein Bild für eine andere Person, dann ist es sinnvoll, dieses absolut wertfrei und ohne Emotionen zu tun, denn dies beinhaltet meine eigene Interpretation, gewachsen aus meiner eigenen Geschichte, meinem eigenen Erleben.
Bin ich in der Lage, absolut wert- und emotionsfrei ein Bild zu beschreiben, so hat der Empfänger meiner Worte die Möglichkeit, seine eigene Antwort, die eine viel größere Bedeutung und energetische Kraft für ihn persönlich besitzt, zu entdecken.

Karten beschreiben

Eine schöne Partnerübung ist das »Kartenbeschreiben«. Ziehen Sie eine Karte aus Ihrem derzeitigen Lieblingskartenset, z. B. eine Engelkarte oder auch eine Urlaubskarte. Ihr Partner/Ihre Partnerin darf diese natürlich nicht sehen. Schauen Sie sich die Karte drei Minuten lang an, legen Sie sie zugedeckt ab und erklären Sie absolut wertfrei, was Sie auf dieser Karte gesehen haben. Sie werden feststellen, dass es kaum möglich ist, die Karte so zu beschreiben, dass eine hundertprozentige Vorstellung der Karte im Kopf Ihres Übungspartners entstehen kann. Wir haben alle unsere eigene Geschichte und verknüpfen die Beschreibung/Erklärung der Karte in unseren Gedanken mit unserem Erleben und mit unseren Erinnerungen. So entsteht manchmal ein ähnliches, oft aber ein völlig anderes Bild, jedoch nie eine hundertprozentige Übereinstimmung mit der Karte selbst.
Diese Übung oft wiederholt sensibilisiert uns dafür, unsere Sprache so zu wählen, dass unser Zuhörer sich unvoreingenommen sein eigenes Bild machen kann anhand unserer Beschreibung.

Farbkarte beschreiben mit Worten

Es gibt Kartensets, die das Thema »Farbe« aufgreifen. Auf diesen Karten sind nur die Farben abgebildet. Diese Übung wird ähnlich ausgeführt wie »Karten beschreiben«. Ziehen Sie eine verdeckte Farbkarte, schauen Sie sich die Farbe genau an, Ihr Übungspartner sollte die Farbe nicht erkennen können. Legen Sie die Karte wieder verdeckt ab, und beschreiben Sie die Farbe mit Ihren Worten, ohne die Farbe direkt zu erwähnen.

Farbkarte beschreiben mit Emotionen

Etwas schwieriger wird es, wenn Sie die vorherige Übung wiederholen und die Farbe nur mit »Emotionen« beschreiben.

Farbkarte erfühlen

In meinem medialen Lehrzirkel gehört diese Übung zu den Lieblingstrainings meiner Teilnehmer und Teilnehmerinnen.

Ziehen Sie wieder eine Farbkarte, und dieses Mal dürfen auch Sie die Farbe ebenfalls nicht sehen. Halten Sie die Karte zwischen Ihren beiden Händen, schließen Sie Ihre Augen. Nehmen Sie mit all Ihren Sinnen wahr, was sich Ihnen nun zeigen möchte.
Vielleicht sehen Sie vor Ihrem inneren Auge eine Farbe, oder ein Wort kommt plötzlich in Ihre Gedanken. Wie fühlt sich die Farbkarte zwischen Ihren Händen an? Ist sie warm oder kalt? Welche Emotionen löst sie in Ihnen aus? Sehen Sie vor Ihrem inneren Auge vielleicht Ihre Lieblingsblume oder Ihr Auto? Welche Farbe hat diese Blume, welche Farbe hat Ihr Auto? Beschreiben Sie genau, was Sie sehen und fühlen.

Welche energetischen Bilder können medial gemalt werden?

Seelen-Bild

Die farbliche und symbolische Darstellung der eigenen Seelenkraft.

Engel-Energie-Bild

Bei den Engel-Energie-Bildern handelt es sich um die medial empfangene Engel-Energie, die in Form von Symbolen und Farben auf die äußere Leinwand gebracht wird, wobei jede Farbe und jedes Symbol individuell auf den Betrachter wirkt und ihn so in seiner Entwicklung unterstützen kann.

Engel-Bild

Bei den Engel-Bildern ist die Energie nicht nur in Form von Farben und Symbolen zu erkennen, sondern auch in der Gestalt eines Engels.

Schutzengel-Kraft-Bild

Die symbolische und farbliche Darstellung der eigenen Schutzengelenergie.

Schutzengel-Bild

Auf diesem Bild ist neben den energetischen Farbkompositionen und Symbolen auch die Gestalt des Schutzengels zu erkennen.

Energetisches Kraft-Bild

Dieses intuitiv und medial empfangene Bild lädt den Maler zur meditativen Betrachtung ein und kann so als energetischer Kraftspender dienen auf dem Weg der Selbsterkenntnis und der Persönlichkeitsentfaltung. Das Kraft-Bild kann für eine Person, eine Situation oder auch für einen Raum gemalt werden.

Chakren-Energie-Bild / Energie einzelner oder aller Chakren

Die farbliche und symbolische Darstellung eines Chakras oder aller sieben Hauptchakren.

Energetisches-Beziehungs-Kraftbild

Dieses Bild malt das Paar zusammen. Es hilft, Missverständnisse aufzudecken, Emotionen sichtbar zu machen, und es beinhaltet die Möglichkeit eines tieferen Verständnisses füreinander. Es kann dazu beitragen, die verbindende energetische Kraft von Yin und Yang in der Beziehung zu entdecken, zu aktivieren und zu entfalten.

All diese medialen Bilder dienen uns als energetische Kraftspender auf unserem Weg der Selbsterkenntnis und der Persönlichkeitsentfaltung.

Durchführung:
Das mediale Malen Ihres energetischen Bildes

Egal, ob alleine zu Hause, mit Ihrem Partner, Ihrer Partnerin oder in einer Gruppe – die Vorbereitungsphase ist stets gleich:

Legen Sie sich Ihre Malutensilien zurecht. Am schönsten ist es, diese energetischen Bilder mit Acryl auf Leinwand zu malen. Acryl trocknet zudem sehr schnell, wenn es nicht zu dick aufgetragen wird.

Wenn möglich bitte keine Pinsel benutzen, sondern die Farbe(n) gleich auf die Leinwand tröpfeln und dann mit den Fingern oder der ganzen Hand verteilen. Sie können auch mehrere Farben auf einen Teller geben und Ihre Finger als Pinsel benutzen, um die Farben untereinander zu mischen und Symbole oder Figuren auf die Leinwand zu bringen. Lassen Sie die Energie direkt aus Ihren Händen fließen. Es ist Ihre Energie, die so ungehindert auf die Leinwand strömen kann und durch Farbkompositionen, Symbole und Figuren sichtbar gemacht wird.

Um sich in eine angenehme Stimmung zu versetzen, legen Sie eine ruhige Hintergrundmusik auf, und schalten Sie alle störenden Geräuschquellen (z. B. Handy) aus, die Sie abrupt aus Ihrer Ruhe reißen könnten.

Wenn Sie alleine sind, können Sie sich ein Räucherstäbchen anzünden, wenn Sie dies mögen (in Gruppen ist das eher störend). Zünden Sie Kerzen an, machen Sie all das, was für Sie eine gemütliche Atmosphäre schafft.

Überlegen Sie sich nun, welches Energiebild Sie medial malen möchten. Um es vorab bereits zu ankern, können Sie mit Ihrem Finger in der Luft über der Leinwand oder auf der Rückseite mit einem dünnen Stift die Art des Bildes niederschreiben, z. B. Seelenbild.

Eine energetische Übung als Vorbereitung. Der Vertrautheit wegen schreibe ich diese Übung in der Du-Form.

Setze dich ganz entspannt vor die leere Leinwand, schließe deine Augen und reibe deine Hände kräftig aneinander. Löse nun ganz sachte deine energetisierten Hände, und forme einen kleinen Energieball, halte weiterhin deine Augen geschlossen.
Vielleicht spürst du ein Pulsieren zwischen deinen Händen, oder es wird kalt – oder heiß. Vielleicht hast du das Gefühl, deine Hände ziehen sich magnetisch an. Egal, was du empfindest, es ist völlig in Ordnung. Auch wenn du nichts spüren kannst, es funktioniert trotzdem. Stell dir einfach vor, du hältst einen kleinen Ball aus Licht zwischen deinen Händen.
Atme tief ein und aus ... Atme noch einmal tief ein, und beim Ausatmen stellst du dir vor, dass reine Energie aus deinen Handinnenflächen fließt und deinen Energieball stärkt.

(Kurze Atempause – drei Atemzüge)

Atme tief ein und aus ... Atme noch einmal tief ein, und beim Ausatmen stellst du dir vor, dass rote Lichtenergie aus deinen Handinnenflächen fließt und deinen Energieball stärkt. Diese rote Lichtenergie kommt aus der einen Quelle, aus der alles Licht entsteht. Atme diese rote Lichtenergie tief ein ... Sie fließt nun genau dorthin in deinen Körper, wo sie zu diesem Zeitpunkt gebraucht wird. Rot ist die Farbe des Mutes, der Kraft und der Erdung ... Atme diese rote Lichtenergie noch einmal tief ein und aus ... Nun fließt sie wieder dorthin zurück, woher sie gekommen ist. Die Heilung dieser Energie bleibt bei dir.

(Kurze Atempause – drei Atemzüge)

Atme tief ein und aus ... Atme noch einmal tief ein, und beim Ausatmen stellst du dir vor, dass orangefarbene Lichtenergie aus deinen Handinnenflächen fließt und deinen Energieball stärkt. Diese orangefarbene Lichtenergie kommt aus der einen Quelle, aus der alles Licht entsteht. Atme diese orangefarbene Lichtenergie tief ein ... Sie fließt nun genau dorthin in deinen Körper, wo sie zu diesem Zeitpunkt gebraucht wird. Orange ist die Farbe der Leidenschaft, der Kreativität und der Heiterkeit ... Atme diese orange Lichtenergie noch einmal tief ein und aus ... Nun fließt sie wieder dorthin zurück, woher sie gekommen ist. Die Heilung dieser Energie bleibt bei dir.

(Kurze Atempause – drei Atemzüge)

Atme tief ein und aus ... Atme noch einmal tief ein, und beim Ausatmen stellst du dir vor, dass goldgelbe Lichtenergie aus deinen Handinnenflächen fließt und deinen Energieball stärkt. Diese goldgelbe Lichtenergie kommt aus der einen Quelle, aus der alles Licht entsteht. Atme diese goldgelbe Lichtenergie tief ein ... Sie fließt nun genau dorthin in deinen Körper, wo sie zu diesem Zeitpunkt gebraucht wird. Goldgelb ist die Farbe der Lebensfreude, des Selbstvertrauens und des Wissens ... Atme diese goldgelbe Lichtenergie noch einmal tief ein und aus ... Nun fließt sie wieder dorthin zurück, woher sie gekommen ist. Die Heilung dieser Energie bleibt bei dir.

(Kurze Atempause – drei Atemzüge)

Atme tief ein und aus ... Atme noch einmal tief ein, und beim Ausatmen stellst du dir vor, dass eine grüne Lichtenergie aus deinen Handinnenflächen fließt und deinen Energieball stärkt. Diese grüne Lichtenergie kommt aus der einen Quelle, aus der alles Licht entsteht. Atme diese grüne Lichtenergie tief ein ... Sie fließt nun genau dorthin in deinen Körper, wo sie zu diesem Zeitpunkt gebraucht wird. Grün ist die Farbe des inneren Gleich-

gewichts, der Heilung und des spirituellen Wachstums ... Atme diese grüne Lichtenergie noch einmal tief ein und aus ... Nun fließt sie wieder dorthin zurück, woher sie gekommen ist. Die Heilung dieser Energie bleibt bei dir.

(Kurze Atempause – drei Atemzüge)

Atme tief ein und aus ... Atme noch einmal tief ein, und beim Ausatmen stellst du dir vor, dass hellblaue Lichtenergie aus deinen Handinnenflächen fließt und deinen Energieball stärkt. Diese hellblaue Lichtenergie kommt aus der einen Quelle, aus der alles Licht entsteht. Atme diese hellblaue Lichtenergie tief ein ... Sie fließt nun genau dorthin in deinen Körper, wo sie zu diesem Zeitpunkt gebraucht wird. Hellblau ist die Farbe der Kommunikation ... Atme diese hellblaue Lichtenergie noch einmal tief ein und aus ... Nun fließt sie wieder dorthin zurück, woher sie gekommen ist. Die Heilung dieser Energie bleibt bei dir.

(Kurze Atempause – drei Atemzüge)

Atme tief ein und aus ... Atme noch einmal tief ein, und beim Ausatmen stellst du dir vor, dass violette Lichtenergie aus deinen Handinnenflächen fließt und deinen Energieball stärkt. Diese violette Lichtenergie kommt aus der einen Quelle, aus der alles Licht entsteht. Atme diese violette Lichtenergie tief ein ... Sie fließt nun genau dorthin in deinen Körper, wo sie zu diesem Zeitpunkt gebraucht wird. Violett ist die Farbe des inneren Friedens und der Spiritualität ... Atme diese violette Lichtenergie noch einmal tief ein und aus ... Nun fließt sie wieder dorthin zurück, woher sie gekommen ist. Die Heilung dieser Energie bleibt bei dir.

(Kurze Atempause – drei Atemzüge)

Atme tief ein und aus ... Atme noch einmal tief ein, und beim Ausatmen stellst du dir vor, dass reine weiße Lichtenergie aus deinen Handinnenflächen fließt und deinen Energieball stärkt. Diese weiße Lichtenergie kommt aus der einen Quelle, aus der alles Licht entsteht. Atme diese weiße Lichtenergie tief ein ... Sie fließt nun genau dorthin in deinen Körper, wo sie zu diesem Zeitpunkt gebraucht wird. Weiß ist die Farbe der Reinheit, der tiefen spirituellen Ruhe und der allumfassenden Sicherheit ... Atme diese weiße Lichtenergie noch einmal tief ein und aus ... Nun fließt sie wieder dorthin zurück, woher sie gekommen ist. Die Heilung dieser Energie bleibt bei dir.

(Kurze Atempause – drei Atemzüge)

Vor deinem geistigen Auge öffnet sich nun ganz langsam und sanft ein Fenster, welches dir den Blick freigibt auf die energetischen Farbkompositionen und Symbole deiner Kraft und deiner Seele (wenn du ein Engelbild malen möchtest, dann wird sich dir an dieser Stelle die Engelenergie in Farben und Symbolen zeigen oder auch die Gestalt eines Engels). Wenn du vor deinem inneren Auge nichts sehen kannst, dann fühle in dich – welches Gefühl trägt dich, welcher Gedanke kommt? – Nimm das, was du siehst und fühlst, nun mit zurück in dein Hier und Jetzt. Langsam schließt sich das innere Fenster, und du kommst sicher und wohlbehalten zurück in dein Hier und Jetzt. Öffne deine Augen, greife intuitiv zu den passenden Farben und beginne, dein Bild zu malen. Lasse deiner Kreativität und deiner Intuition einfach freien Lauf.

Gemalt wird in Ruhe (ohne zu sprechen), um in der Energie zu bleiben!

Diese Übung können Sie sehr gut alleine zu Hause durchführen. Einfacher ist es sicherlich in einer Gruppe, in der im Vorfeld eine geführte Meditation gemacht wird, so dass Sie sich vollkommen in die Ruhe sinken lassen können, um die medialen Sinne zu aktivieren. In einer Gruppe fällt es den meisten Menschen leichter, die eigene Energie anzuheben, um die inneren Türen und Fenster zu öffnen.

Eine noch viel tief greifendere Erfahrung ist die Kombination aus Hypnomeditation und medialem Malen. Durch die Hypnomeditation werden Sie in eine ganz tiefe Entspannung geführt, die Ihnen dabei behilflich ist, den Verstand zu beruhigen und sich Ihrer Intuition zu öffnen. Dies ist ein ganz besonderes Erlebnis.

Hinweise auf zukünftige Ereignisse in energetischen Bildern

Für denjenigen, der in den energetischen Bildern zu lesen vermag, zeigen sich manchmal Hinweise auf zukünftige Ereignisse. Es geht dabei nicht darum, dieses Wissen einzusetzen, um den Lauf des Lebensflusses zu verändern. Meist wird die Person nur auf ein anstehendes Ereignis vorbereitet, um den Hinweis auf eine wichtige Lernaufgabe und den guten Ausgang zu erfahren. Somit wandelt sich das Bild in ein Kraftbild, es kann Klarheit bringen und Lösungswege aufzeigen.

Ende 2003 bekam ich den sehr starken Impuls zu malen. Eigentlich hatte ich überhaupt keine Lust dazu. Ich bin manchmal zu perfektionistisch, und da ich weder Michelangelo noch Raffael Santi heiße, konnte ich mir überhaupt nicht vorstellen, einen Pinsel und Farben in die Hand zu nehmen. Ja, als Kind habe ich sehr gerne und auch viel gemalt. Mir fällt gerade ein, ich war sogar in der vierten Klasse die »Malkönigin«. Aber zu dem Zeitpunkt im Jahr 2003 dachte ich nur: »Malen? Ich? Nein, danke.«
Während meiner medialen und heilerischen Ausbildung lernte ich die Psychic-Art kennen und fand diese Art des Malens sehr spannend. Auch wenn Studienkollegen und Freundinnen mir sozusagen weissagten: »Ich sehe dich schon mit Papier und Kreide Auragraphien für deine Klienten malen« hatte ich nicht vor, diese Technik in meine Arbeit mit einzubeziehen. Das kam mir überhaupt nicht in den Sinn. Warum also sollte ich nun meinem Impuls nachgeben und mir Farbe kaufen?

Ende Januar 2004 gab ich diesem inneren Antrieb nach, kaufte mir Acrylfarbe und malte meine ersten Bilder. Es war nicht meine

Absicht, Engelbilder zu malen, doch schließlich waren schemenhaft Engel auf der Leinwand zu erkennen. Ich malte ein Bild in den Farben Violett, Magenta und Blau, es sah aus wie ein Tunnel, der auf ein Licht zuführt. In der Mitte des Bildes war für mich eine Gestalt sichtbar, die von einem Engel begleitet und beschützt wird. Ein paar Tage später hatte ich eine leichte Erkältung, der ich keine große Bedeutung beimaß. Ich besuchte sogar noch ein Homöopathieseminar, denn ich fühlte mich gut und freute mich, meine Kolleginnen wiederzutreffen. Am Abend, wieder zu Hause angekommen, ging es mir urplötzlich sehr schlecht. Ich begann am ganzen Körper zu zittern, mein Mann brachte mich zu Bett und warf sich mit einer Decke auf mich, damit das Zittern aufhörte.
Dann weiß ich erst einmal nichts mehr. Ich war in einem merkwürdigen Zwischenraum, ich hatte Schmerzen am und im ganzen Körper. Jeder Knochen, jeder einzelne Zahn, jede einzelne Zelle schmerzte. Mir war bis zu diesem Zeitpunkt nicht bewusst gewesen, welche Schmerzen ein Mensch aushalten kann. Ich schwamm, mein Bett war klitschnass und ich ging sprichwörtlich durch die Hölle. Ich sah vor mir Dämonen aus Feuer, Monster, Skelette und vieles mehr. Ich dachte nur: ‚Das muss das Fegefeuer sein!' Zwischenzeitlich verlor ich immer wieder mein Bewusstsein.
Dann wurde es plötzlich ganz still in mir und um mich herum. Ich wurde ganz ruhig. Ich befand mich in einem Tunnel, meine Schmerzen waren wie von Zauberhand verschwunden und vor mir tat sich ein gleißend helles Licht auf. Ich ging zielstrebig auf dieses Licht zu und wusste, dass gleich ein Gesicht darin erscheinen und ich abgeholt werden würde. Ich erwartete das Gesicht meiner Jetty, meiner Großmutter. Da wurde mir bewusst, dass sie noch lebt. In dieser Sekunde wurde ich unsanft, wie an ein Gummiband gespannt, wieder zurückgezogen. Ich war richtig sauer! Ich wollte nicht zurück!
Insgesamt 36 Stunden hat dieser Prozess gedauert, niemand hat etwas mitbekommen, es sollte wohl nicht sein, denn alle hatten gedacht, ich schlafe mich gesund.

Als ich mir später das violette Tunnelbild (»Er ist stets an meiner Seite«, siehe Seite XIII) ansah, erzählte es mir genau das, was ich soeben erlebt hatte. Von diesem Erlebnis an änderten sich meine Wahrnehmungen, ich bekam viele neue Impulse, die auch die Energien meiner Bilder veränderten und sich auch heute noch stets weiterentwickeln.

Geholfen hat mir diese energetische Vorbereitung dabei, mein eigenes Erlebnis und den Tod meiner Großmutter zu verarbeiten. Ein halbes Jahr nach meiner Lungenentzündung starb sie in meinen Armen.
Durch mein eigenes Tunnelerlebnis konnte ich mit den Aussagen von Bekannten und Kollegen etwas besser umgehen, die nicht verstehen konnten, dass ich in meiner Trauer um meine Großmutter weinte. Ich hörte Sätze wie: »Hast du gar nichts kapiert?! Jemand, der so viel gelernt hat über die geistigen Ebenen, der darf doch nicht weinen! Du weißt doch, dass du deine Oma damit zurückhältst und sie so nicht ins Licht gehen kann.« Das hätte mir eine Menge Angst und ein schlechtes Gewissen gemacht, hätte ich nicht selber erlebt, dass eine Seele, die sich im Tunnel zum Licht befindet, sich von NICHTS zurückhalten lässt, wenn ihre Zeit gekommen ist. Meine war damals noch nicht gekommen, deshalb bin ich noch hier.

Meine Art, die Bilder zu lesen und zu segnen

Aus meiner Sicht stellt das mediale Malen eine Möglichkeit dar, die medialen Wahrnehmungssinne zu trainieren und einen Blick auf sich selbst zu werfen. Es ist ebenso ein energetischer Schlüssel, der die verschiedensten Türen im eigenen Inneren öffnen kann. Dieses Erlebnis kann ich verstärken, indem ich das gemalte und gelesene Bild mit positiven Affirmationen ankere.

Ankern ist ein Begriff aus dem Coaching, den ich während meiner NLP-Ausbildung kennen gelernt habe. Es bedeutet die feste Verbindung von einem Gefühl mit einem Bild, Ton oder einer Berührung. Durch einen visuellen, auditiven oder kinästhetischen Reiz wird eine positive Reaktion konditioniert, die von da an regelmäßig ausgelöst werden kann. Im NLP wird das Ankern dazu benutzt, positive Erfahrungen bewusst wieder abrufbar zu machen.

In meinen Workshops und Ausbildungen nenne ich dieses Ankern lieber »Segnen«, weil ich diesen Begriff in dieser Runde viel schöner und passender finde.

»Segen« bezeichnet in den verschiedenen Religionen eine wohlmeinende Gebetsformel, die Personen oder Dingen Anteil an der göttlichen Kraft geben möchte. Ziel des Segens ist die Förderung von Glück und Gedeihen oder auch die Zusicherung von Schutz.

Wie gehe ich nun beim »Lesen« eines Bildes vor?

Zuerst einmal sollten wir uns bewusst machen, dass die Person, die uns gestattet, das eigene Seelenbild (oder ein anderes energetisches Bild) zu lesen, uns sehr viel Vertrauen entgegenbringt. Dieser

Mensch erlaubt uns einen Blick in sein tiefstes Inneres, wo er sehr verletzbar ist. Deshalb bitte ich hier alle LeserInnen: »Behandeln Sie dieses großartige Geschenk des Vertrauens sehr behutsam und liebevoll. Seien Sie sich Ihrer Verantwortung über Ihre gesprochenen Worte bewusst. Jedes Wort, das Sie jetzt sprechen, kann aufbauen und heilen, aber auch verletzen und im schlimmsten Fall zerstören. Bevor Sie etwas Düsteres sagen, schweigen Sie lieber. Dies ist nicht der Zeitpunkt, sich durch negative Äußerungen in den Mittelpunkt zu stellen. Die Medaille hat immer zwei Seiten und auch noch einen Rand. Ändere ich meinen eigenen Blickwinkel, dann kann ich auch das Positive und das Schöne entdecken, was hinter dem Dunkel versteckt war und vielleicht sogar durch das Dunkle geboren wurde, d. h. bewusst wurde.

Und hier gilt es, die energetischen Bilder als positive Kraftspender zu segnen.

Fragen Sie zuerst um Erlaubnis, ob Sie das Bild lesen dürfen. Dann schauen Sie sich die Farben, Formen und Symbole an. Was empfinden Sie beim Betrachten? Welcher Gedanke kam Ihnen zuerst in den Sinn? Sind die Farben kraftvoll? Welche Farben sind am stärksten vertreten? Entdecken Sie versteckte Symbole, Formen oder sogar Gestalten in dem Bild?
Ist z. B. die Farbe Rot sehr dominant? Ist es ein klares und sattes Rot? Dann ist diese Person mit Sicherheit ein sehr geerdeter Mensch, der Mut und Kraft besitzt. Nochmals zu Erinnerung, es werden die positiven Deutungen gestärkt!

Entdecken Sie vielleicht Gestalten im Bild? Was machen sie? Tanzen sie, oder sieht es eher nach Yoga-Übungen aus? Eine mögliche Deutung ist, dass die Person ihre Kraft mit Tanz oder Yoga stärken kann.

Welche Symbole werden sichtbar? Notenschlüssel? Eine Zahl? Was können Sie in dem Bild entdecken?

Das Gemälde bzw. die Leinwand hat vier Kanten / Seiten. Wenn Sie nichts mehr entdecken können, dann stellen Sie das Bild auf die nächste Seite, und lesen Sie es weiter. So wie wir unser eigenes Leben auch einmal aus einer anderen Perspektive betrachten sollten, um neue sowie aufschlussreiche Informationen zu entdecken, so drehen wir das Bild insgesamt vier Mal, um jeweils eine neue Sicht auf das Bild zu bekommen.
Wenn Sie alle vier Seiten des Bildes betrachtet haben, dann können Sie und gegebenenfalls alle Gruppenteilnehmer das Bild mit positiven Wünschen segnen, indem jeder Einzelne seine positiven Affirmationen auf die Rückseite (auf den Keilrahmen) des Energiebildes schreibt. Der Wunsch dazu, noch laut ausgesprochen, aktiviert nun das Bild als positiven und energiegeladenen Kraftspender.

Dieses Erlebnis eröffnet neue Einsichten und Perspektiven für ein bewusstes, erfülltes Leben. Die tägliche, meditative Betrachtung des eigenen medialen Bildes aktiviert stets die positiven Anker und lässt uns täglich neue Facetten unseres Seins entdecken. Und so manch einer ist erstaunt, was so alles in ihm oder ihr steckt.

Ich wünsche Ihnen nun sehr viel Spaß, Freude und Geduld auf Ihrem ganz individuellen spirituellen Weg der Selbsterkenntnis.

EIN PAAR WORTE ZUM SCHLUSS

Wie in meinem Vorwort zu diesem Buch bereits erwähnt, habe ich Ihnen in diesem Nachschlagewerk meinen bisherigen ganz persönlichen Erfahrungsschatz weitergegeben, einen Blick auf meinen eigenen Ausbildungsweg. Auch ich entwickle mich stetig weiter und lerne Neues dazu.

Die Informationen in diesem Buch sind Angebote an Sie, die Ihnen den Einstieg in die unterschiedlichen Facetten der Medialität erleichtern möchten. Es ersetzt jedoch keinesfalls den Unterricht in einer Gruppe.
In einer medialen Übungsgruppe oder im medialen Einzelunterricht kann sich Ihr Potenzial in einem geschützten Rahmen entwickeln. Offene Fragen können sofort geklärt und Unsicherheiten beseitigt werden. Übungen mit Übungspartnern und ein direktes Feedback erhöhen den Lerneffekt und geben mehr Sicherheit. Die eigene Wahrnehmung weitet sich und öffnet den Blick für die vielen, ganz individuellen Betrachtungsweisen der einzelnen Menschen.

Wir alle schauen uns die Welt mit unseren Augen an, beeinflusst von unseren Erfahrungen und den daraus resultierenden Emotionen. Es gibt so viele unterschiedliche Wahrnehmungen von der Welt wie es Menschen auf der Erde gibt.

Gehen wir also respektvoll mit uns und unseren Mitmenschen um.

Nun wünsche ich Ihnen viel Spaß beim medialen Malen Ihrer eigenen Bilder – und nicht vergessen: »Übung macht den Meister«.

Maria W. M. Schmitt

DANKE

Auf dieser Seite möchte ich mich von Herzen bei all den Menschen bedanken, die mir während der Entstehung dieses Werkes zur Seite standen.

Ein ganz liebes Dankeschön an Andrea und Irene, die mir liebe Freundinnen geworden sind und mich immer wieder motiviert haben, endlich ein Buch über Medialität und mediales Malen zu schreiben.

Danke an die ZirkelteilnehmerInnen Andrea, Irene, Jörg, Sander, Kathrin, Ruth, Ilka und Frank, die mir ihre Erlaubnis erteilt haben, ihre medialen Zeichnungen in diesem Buch abzubilden.

Ebenfalls ein großes Dankeschön gebührt dem Team des Silberschnur-Verlages, das mir die Möglichkeit geboten hat, dieses Nachschlagewerk zu veröffentlichen.

Zum Schluss möchte ich mich von Herzen bei dem Menschen bedanken, der mir stets zur Seite steht, bei dem »ich sein darf, wie ich bin«. Frank, ich danke dir von ganzem Herzen.

Ich wünsche mir für euch, dass all eure Herzenswünsche in Erfüllung gehen.

Maria W. M. Schmitt

LITERATURHINWEISE

Brennan, Barbara Ann: »Licht – Arbeit, Das Standardwerk der Heilung mit Energiefeldern«, Goldmann 1998

Hemling, Heinz: »Fenster zum Jenseits«, Spirit Rainbow Verlag 2003

Myss, Caroline: »Mut zur Heilung«, Droemer Knaur 2000

Pratter, Hildegard Maria: »Farben aus der Himmelsapotheke«, Windpferd Verlag 2002

Schmitt, Maria W. M.: »Engelsprechstunde«, Kösel Verlag 2007

Vollmar, Klausbernd: »Klausbernd Vollmars Welt der Symbole«, Königsfurt Verlag 2003

Vollmar, Klausbernd: »Farben, Symbolik – Wirkung – Deutung«, Knaur 2009

ÜBER DIE AUTORIN

Maria W. M. Schmitt ist mediale Intuitionstrainerin und spirituelle Heilerin mit Ausbildungen in Naturheilkunde, Energiearbeit, Trauerbegleitung und NLP. Im schönen Westerwald gibt sie Seminare und Workshops zur »Selbststärkung« und »Entfaltung des eigenen medialen Potenzials.« In ihrem medialen Zirkel vermittelt sie die »Psychic Art«, das mediale Malen und Lesen der energetischen Bilder.

Weiterführende Informationen finden Sie unter: *www.engelsprechstunde.de*

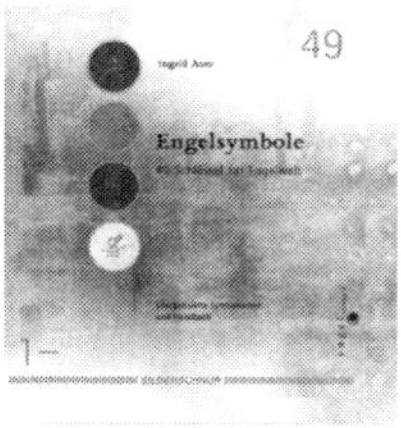

156 Seiten, gebunden, plus 49 vierfarbige Symbolkarten in Box
€ [D] 29,00
ISBN 978-3-89845-272-4

Ingrid Auer

Engelsymbole

49 Schlüssel zur Engelwelt

Einfühlsam und leicht verständlich ermöglichen die Engelkarten und das sehr ansprechend gestaltete Begleitbuch einen natürlichen, unbefangenen Zugang zur Engelwelt.
Alle, die Rat und Trost brauchen oder körperliche Beschwerden haben, können sich mit diesem Set die bezaubernde Engelwelt erschließen und deren Unterstützung nutzen. Die Engelsymbole verhelfen dazu, Blockaden im seelischen und körperlichen Bereich zu lösen und die Chakren sowie Wasser, Nahrungsmittel und vieles mehr zu energetisieren. Mit Hilfe der kraftvollen Symbolkarten lassen sich Fragen zu Themen wie Selbsterkenntnis, Vergangenheit – Gegenwart – Zukunft etc. beantworten. Sie dienen darüber hinaus als Tageskarten, als helfender Schutzkreis sowie zur Fernheilung und Meditation.

21 runde Engelkarten mit Buch, 202 Seiten, brosch. in Box
€ [D] 25,90
ISBN 978-3-89845-065-2

Ingrid Auer

Engelsymbole für Kinder

Liebevolle Begleitung im Alltag

Integrieren Sie die Engel in den Alltag Ihrer Familie! Dieses Set aus 21 neuen Engelsymbolen, kindgerecht auf runde Karten gedruckt, und einem Buch hilft, die Sensitivität der Kinder zu fördern und unterstützt sie in ihrer Entwicklung. Es hilft aber auch Erwachsenen, ihr Herz den Engeln zu öffnen. Finden Sie als Erwachsener zurück zu dem natürlichen Zugang zur Engelwelt, den Kinder noch haben.
Mit diesem Set unterstützen Sie die spirituelle Weiterentwicklung Ihrer Kinder, denn Kinder lieben Engel – und Engel lieben Kinder.
»Engelsymbole für Kinder« ist gleich doppelt verwendbar: Als gemeinsames »Spiel« für Erwachsene und Kinder und als »spirituelles Aufklärungsbuch« für Erwachsene.

208 Seiten, broschiert, 2-farbig, mit 25 Energiekarten, in Schuber
€ [D] 24,90
ISBN 978-3-89845-279-3

Ingeborg Bergner

Dein Lichtgewand

reinigen – stärken – schützen

Ein Geschenk der Lichtwesen an uns!
Die Auramode der Engelwelt lässt keine Wünsche offen – egal, ob Sie sich nun lieber in einen reinigenden Mantel, ein heilendes Kleid oder in eine harmonisierende Jacke hüllen möchten.
»Dein Lichtgewand« vermittelt eindrucksvoll, wie jeder Suchende in der neuen Zeit des Aufstiegs seine Seele mit speziellen Energien stärken kann. Die 25 praktischen Energie-Karten unterstützen dabei, sich seiner jetzigen Situation bewusst zu werden.
Eine inspirierende Kollektion, mit der Sie Ihrem Alltag gestärkt begegnen können – umgeben von wunderbaren Energien.

208 Seiten, broschiert,
durchgehend 4-farbig mit
13 Karten, im Schuber
€ [D] 24,90
ISBN 978-3-89845-258-8

Johanna Tippkemper

Der Herzstern

Einweihungsweg zur Selbsterkenntnis

Das »magische« Jahr 2012, nach dem Maya-Kalender das Ende einer Epoche, verweist gleichzeitig auf den Beginn des Aufstieges der Menschheit in eine neue Dimension.
Der Architektin für gesundes Bauen und Wohnen, Johanna Tippkemper, ist es gelungen, ein absolut neuartiges Konzept zu entwickeln. Sie werden immer geführt vom »Herzstern«, aus dem das uralte Wissen des Universums in seiner hohen Schwingung strahlt.
Man erfährt u. a. Neues über die göttlichen Farbstrahlen, deren feinstoffliche Wirkung auf Körper, Geist und Seele und Zahlen als Zugang zum persönlichen Lebensweg.

152 Seiten, broschiert
€ [D] 6,95
ISBN 978-3-89845-266-3

Franziska Krattinger

Die 7 universellen Gesetze

Spielregeln für ein Leben in Vielfalt

Das Leben folgt universellen Gesetzen. Wer diese begreift, kann sich alle Lebensformen, Situationen und Realitäten erklären. Diese universellen Gesetze gelten auf allen Ebenen und in allen Bereichen. Niemand kann sich ihnen entziehen.
Dieses Handbuch vermittelt durch praktische Übungen und gelebte Beispiele aus dem Alltag die entscheidenden Spielregeln für ein Leben in Fülle! Es zeigt, wie man seine Kraft am besten einsetzt, um seine Ziele stets zu erreichen. Die beschriebenen Gesetze gelten für alle – und wer sie beherrscht, ist somit Herr über seine Realität.

184 Seiten, gebunden
€ [D] 17,90
ISBN 978-3-89845-242-7

Brenda Barnaby

Das Geheimnis hinter »The Secret«

Alle Geheimschlüssel der populären Botschaft, die Rhonda Byrne in ihrem Werk »The Secret – Das Geheimnis« verkündet, werden hier enthüllt, um jedem von uns Zugang zu seinem eigenen Weg zu vermitteln. Daneben enthält dieses Werk eine Sammlung von Tipps und Methoden zur Persönlichkeitsentwicklung, die von den bedeutendsten Experten unserer Zeit auf dem Gebiet des Positiven Denkens stammen. Sie halten hiermit zweifelsohne ein Buch von unschätzbarem Wert in Händen, das Ihr Leben verändern kann, wenn Sie bereit sind für ein Leben voller Erfolg, Wohlstand, Gesundheit und Harmonie.

224 Seiten, broschiert,
inklusive 16 Seiten Farbteil
€ [D] 12,90
ISBN 978-3-89845-270-0

Olivia Moogk

Feng-Shui auf 68m²

Harmonie auf kleinstem Raum

Je kleiner die Wohnung, desto wichtiger ist es, sie nach dem individuellen Element des Feng-Shui mit Farben, Pflanzen, Bildern und der Möblierung so einzurichten, dass Glück, Harmonie und Wohlstand die natürlichen Folgen sein werden.
Die versierte Feng-Shui-Expertin Olivia Moogk leitet Sie in diesem speziell für kleinere Wohnungen geschriebenen Buch mit sicherer »Master-Hand« an, grundlegende Einrichtungsmaßstäbe sowie Ideen des Feng-Shui umzusetzen, um so die Gestaltung Ihres Zuhauses beispielsweise nach den Himmelsrichtungen, den Elementen oder den chinesischen Tierkreiszeichen auszurichten.
Ein umfassendes und doch klares Nachschlagewerk für alle, die nach neuen Erkenntnissen suchen, um in ihren vier Wänden harmonisch leben, statt nur wohnen zu können ...

80 Farbkarten in Box,
112 Seiten Handbuch
€ [D] 17,90
ISBN 978-3-89845-185-7

William Berton

Farbe bekennen ...

Ein psychologisches Entdeckungsspiel mit 80 Farbkarten

Jede Farbe ist die Offenbarung einer Schwingungsebene und damit die konkrete Widerspiegelung eines inneren Zustands, den wir »Bewusstseinsebene« nennen.
Dieses revolutionäre Farbenspiel mit seinem »doppelten« Kartenset – ROT für exoterische Antworten und GOLD für esoterische Erkenntnisse – öffnet weit die Tore zu einer subtilen, intuitiven Selbsterkenntnis ... aber noch vieles mehr!

144 S., geb., Farbbilder
€ [D] 15,90
ISBN 978-3-931652-88-3

Mazur, J. A. & Pade, R. G.

Aura – Farben des Lichts

Begleitung zur Heilung, Licht-Farb-Analyse, Aura-Foto-Diagnose

Dank der modernen Computerwissenschaft ist es möglich, die Energiefelder des Menschen farblich darzustellen. Die Resonanzpunkte der Hände liefern die Schwingungsdaten über Metallplatten, so dass der Zustand der menschlichen Aura am Bild sichtbar wird. Schon Goethe weihte uns mit seinem Werk »Die Farbenlehre« in die Geheimnisse der Spektralfarben ein. Die Farben sagen uns, was wir denken, fühlen und wollen, wie wir mit Einflüssen von außen umgehen und wie wir auf unsere Umwelt wirken. Sie machen uns bewusst, in welchen Bereichen wir unser Wesen verbessern und wie wir Schwächen in Stärken umwandeln können. Durch Bewusstseinserweiterung mit Hilfe der Aurafotografie erfahren wir mehr über uns und unsere feinstofflichen Körper und spüren, wie wir durch diese Erkenntnisse unseren Geist und Körper in Harmonie und damit zu Gesundheit bringen können.